Und Gott gab uns sein Wort

Gunda Brüske

Und Gott gab uns sein Wort

Einführung in die Wort-Gottes-Feier

Verlag Friedrich Pustet
Regensburg

Bibliografische Information der Deutschen Nationalbibliothek
Die Deutsche Nationalbibliothek verzeichnet diese Publikation in der Deutschen Nationalbibliografie; detaillierte bibliografische Daten sind im Internet über http://dnb.dnb.de abrufbar.

Gutenbergstraße 8 | 93051 Regensburg
Tel. 0941/920220 | verlag@pustet.de

ISBN 978-3-7917-3321-0
Reihen-/Umschlaggestaltung: www.martinveicht.de
Umschlagbild: Erste Wort-Gottes-Feier mit dem Deutschschweizer Buch bei der Vernissage 2014
Satz: Vollnhals Fotosatz, Neustadt a. d. Donau
Druck und Bindung: Friedrich Pustet, Regensburg
Printed in Germany 2022

eISBN 978-3-7917-6216-6 (epub)

Inhalt

In die Gegenwart Gottes treten – Eröffnung

Gottes Wort hören – Verkündigung

Auf das Wort antworten – Zeichenhandlung und Lobpreis

Vorwort

Und Gott gab uns sein Wort. Das klingt nach einem Versprechen. „Ich bin bei euch/mit euch alle Tage bis zum Ende der Welt" (Mt 28,20). Das Wort in Person, Jesus Christus, spricht so. Das Wort in Person ist tief eingeborgen im Wort der Heiligen Schriften seines Volkes. Hier erscheint das Versprechen als hebräisches Wort aus vier Buchstaben, JHWH, Gottes Name, dessen Aussprache wir nicht kennen und dessen Bedeutung reich ist. Der französische Jesuit Michel de Certeau übersetzt: „Ich habe keinen Namen als das, was Dich immer wieder aufbrechen lässt."

Darum geht es auch in der Liturgie: Sie führt Menschen in die Gegenwart des Wortes Gottes, auf dass sie immer wieder aufbrechen. Deshalb müssen sie immer wieder sein Wort hören. Deshalb haben Wort-Gottes-Feiern einen besonderen Wert. Sie wären falsch verstanden, wenn sie als Ersatz oder Konkurrenz zur Eucharistiefeier angesehen würden. Die Eucharistiefeier ist Mitte und Höhepunkt des geistlichen Lebens von Christinnen und Christen und der ganzen kirchlichen Gemeinschaft. Was um diese Mitte liegt, ist anders, aber nicht weniger. Wie könnte eine Taufe weniger sein als die Eucharistie? Wie eine Vesper? Sie ist einfach anders. Quantitative Vergleiche helfen nicht weiter. Anderssein meint Eigenart, Qualität. Das gilt auch für die Wort-Gottes-Feier.

Deshalb habe ich dieses Buch geschrieben. Ich möchte meine guten Erfahrungen mit Wort-Gottes-Feiern mit anderen teilen, möchte die geistliche Dimension freilegen, Stolpersteine aus dem Weg räumen. Dabei hilft immer wieder der Blick in die Bibel, die die Muttersprache der Liturgie ist. Der Duktus dieses Buches ist meist affirmativ, nicht aus unkritischer Haltung, sondern aus der Überzeugung, dass feiern ein grundsätzliches Gutsein voraussetzt. Im Übrigen sind alle Abschnitte dieses Buches so kurz, dass jeder ergänzungsbedürftig und ergänzungswürdig ist, auch für die Diskussion strittiger Fragen.

Mir lag an einer kurzen Einführung in die Wort-Gottes-Feier am Sonntag, die den beiden liturgischen Büchern des deutschen Sprachgebiets folgt. Sie möchte Vorstehenden, Lektorinnen und Lektoren und weiteren liturgischen Diensten, Liturgiegruppen, Entscheidungsträgern und nicht zuletzt den Gläubigen einen roten Teppich zum aktiven und geistlichen Feiern ausrollen.

Jeder Abschnitt des Buches steht in sich. Deshalb gibt es hier und da auch Wiederholungen. Sie können spontan und frei einzelne Abschnitte auswählen, kapitelweise lesen und selbstverständlich auch von vorne nach hinten. Wenn Sie sich zuerst einen Überblick über den Ablauf der Feier verschaffen möchten, beginnen Sie mit dem Abschnitt „Der geistliche Weg und der Ablauf einer Wort-Gottes-Feier" (S. 39–41).

Da ich in der Schweiz lebe, beruflich an der Entstehung des Deutschschweizer Feierbuchs beteiligt war und zahlreiche Kurse dazu durchgeführt habe, kenne ich es besser als das in Deutschland und Österreich verwendete. Die Abschnitte dieser Einführung beziehen sich oft auf beide Bücher, die eng miteinander verwandt sind, ansonsten mal mehr auf das eine oder das andere. Als Leserin und Leser können Sie – so hoffe ich – aus allen Honig saugen.

Zu Beginn dieses Jahres wusste ich noch nicht, dass ich ein Buch schreiben würde. Immerhin wusste ich durch die 3. Auflage des Deutschschweizer Feierbuchs und die Neuauflage des Ergänzungshefts Kommuniongebete wenige Monate später, wie engagiert und sorgfältig der Verlag Pustet Buchprojekte begleitet. Es ist eine Freude, mit Rudolf Zwank als Lektor einem Buch Gestalt zu geben – vielen Dank! Meinem Mann danke ich nicht nur für die spontane Unterstützung bei diesem Projekt und für geduldig ertragene Überstunden im ersten Jahr der Coronazeit, die dann das Zeitfenster für die Entstehung dieses Buches schufen. Mehr noch danke ich ihm für Gespräche zur Theologie des Wortes Gottes und seine unermüdliche Bereitschaft zuzuhören, wenn ich Erfahrungen und Anfragen zur Wort-Gottes-Feier für mich klären musste. Allen Frauen und Männern, die in Kursen kritische Fragen gestellt haben, danke ich für die Möglichkeit, meine Antworten immer einfacher und klarer zu formulieren. Mehr noch danke ich Kolleginnen und Kollegen für geistlich nahrhafte und liturgisch stimmige Wort-Gottes-Feiern, die ich mitfeiern (und seltener leiten) durfte. Aus manchen habe ich lange gelebt und nicht nur ich. Den Dank dafür nehme ich mit in die nächsten Feiern.

Fribourg, 1. November 2021 am Fest Allerheiligen
Gunda Brüske

Abkürzungen

CH Die Wort-Gottes-Feier am Sonntag (Deutschschweizer Feierbuch)
DE Wort-Gottes-Feier (deutsch-österreichisches Feierbuch)
Ergänzungsheft: Feierliche Kommuniongebete für eine Wort-Gottes-Feier mit Kommunion
GL Gotteslob. Katholisches Gebet- und Gesangbuch
KG Katholisches Gesangbuch der deutschsprachigen Schweiz
SC *Sacrosanctum Concilium* (Konstitution über die heilige Liturgie)

Meditation zum Einband des Lektionars

Goldgrund
Von Ikonen kennen wird das,
oder von alten Kirchen,
wo Christus aus dem Goldgrund einer Apsis hervortritt,
das Buch mit dem Evangelium in der Hand.
Hier
Kein Gesicht
Kein Buchstabe
Kein Wort
Stattdessen ein Kreuz
Drei Striche – eine Zahl – Band III
Das Buch gibt seinen Inhalt noch nicht frei.
Stattdessen Linien
12 Linien – ein Zufall?
Hinweis auf das, was innen ist?
12 Stämme – 12 Jünger.
Linien, die vom Rand der Rückseite herabfallen.
Rückseite für uns,
Vorderseite in anderen Kulturen,
Vorderseite von hebräischen Büchern,
Vorderseite der heiligen Schriften des jüdischen Volkes.
Rote Linien
Rot
Farbe des Blutes
Farbe des Lebens
Farbe des Bundes
Lebenslinien in der Geschichte Gottes mit den Menschen.

Tief fallende Linien
Weit ausholend,
enger oder weiter schwingend.
Auf der Vorderseite
schneiden sie sich,
kreuzen sie sich,
lösen sich wieder voneinander,
steigen auf nach oben,
kehren nicht zurück zum Ausgangspunkt auf der Rückseite
des Buches.
Etwas ist passiert dazwischen.
Linien miteinander verwoben
Textus – Gewebe – textile Oberfläche
Und innen? Textus – Text – Wort
Der Einband spricht.
Er spricht zu mir:
Öffne mich,
das Wort will heraus,
das Wort will freigegeben werden,
das Wort will Ereignis werden.
Im Anfang war das Wort,
und das Wort war bei Gott,
und das Wort war Gott:
Wort des lebendigen Gottes.

EINLEITUNG

Wort-Gottes-Feier oder Wortgottesdienst?

Ein Gefäß für Wasser kann ich als Krug, als Kanne oder Karaffe bezeichnen. Damit verbinden wir alltagssprachlich nicht nur unterschiedliche Formen und Materialien, sondern auch Vorstellungen über ihre Qualität und Wertigkeit. Wie etwas bezeichnet wird, ist deshalb nicht gleichgültig. Das gilt auch für die Wort-Gottes-Feier. Der Name steht für bestimmte Gottesdienste und ist Titel von zwei liturgischen Büchern für ebendiese Gottesdienste. Doch was genau bezeichnet dieses Wort? Und was sagt es über die Form und die Wertigkeit?

Die heute als Wort-Gottes-Feiern bezeichneten Gottesdienste gehen zurück bis zur Zeit vor dem Zweiten Vatikanischen Konzil (1962–1965). In der Liturgiekonstitution *Sacrosanctum Concilium* heißt es: „Zu fördern sind eigene Wortgottesdienste an den Vorabenden der höheren Feste, an Wochentagen im Advent oder in der Quadragesima sowie an den Sonn- und Feiertagen, besonders da, wo kein Priester zur Verfügung steht; in diesem Fall soll ein Diakon oder ein anderer Beauftragter des Bischofs die Feier leiten." (Nr. 35,4) Für „Wortgottesdienst" steht im lateinischen Ursprungstext eine im Deutschen ungewohnt klingende Wendung: „heilige Feier des Wortes Gottes" *(sacra Verbi Dei celebratio).* Das wirkt wie Gold, nicht wie Ton. Gemeint sind drei unterschiedliche Formen:

1. Wortgottesdienste im Kirchenjahr wie z. B. eine Vigil am Abend vor einem Fest,
2. Wortgottesdienste an Sonn- und Festtagen,
3. Wortgottesdienste bei Abwesenheit eines Priesters.

Die dritte Bedeutung, die vom Fehlen eines Priesters und damit der Unmöglichkeit einer Eucharistiefeier ausgeht, setzte sich durch. Das Gold der lateinischen Formulierung verblasste angesichts dieses Mangels.

Bereits während des Konzils wurde es möglich, Wortgottesdienste mit einer Kommunionspendung zu verbinden, was zur Benennung als „Kommunionfeier" führte. Bis heute gibt es für dieselbe Feier verschiedene Bezeichnungen: „Wortgottesdienst am Sonntag", „Kommunionfeier", negativ klingende wie „sonntägliche Gottesdienste ohne Priester" oder eben die wertschätzende Bezeichnung „Wort-Gottes-Feier". Das Element „Feier" rückt das zugehörige Buch auch näher an die Titel anderer liturgischer Bücher wie „Die Feier der Kindertaufe", „Die Feier der Firmung", „Die Feier der Trauung".

Als wäre das nicht schon verwirrend genug, kommen noch zwei weitere Unklarheiten dazu:

1. Die Wortverkündigung in der Eucharistiefeier heißt auch „Wortgottesdienst", aber hier ist durch den Zusammenhang die Verwechslungsgefahr mit nichteucharistischen Wortgottesdiensten gering.
2. Feiern mit verschiedenen Gruppen, bei bestimmten Anlässen oder an Wochentagen werden mal als Wortgottesdienst und mal als Wort-Gottes-Feier bezeichnet.

In dieser Situation bietet es sich an, auf eine einigermaßen klare liturgische Form und die beiden liturgischen Bücher zu schauen. Wort-Gottes-Feiern sind Gemeindegottesdienste am Sonntag oder am Festtag, in denen das Wort Gottes auf besondere Weise gefeiert wird. Sie haben einen eigenen Wert, sollen heilige Feier des Wortes Gottes sein. Darum also geht es in dieser Einführung. Damit ist auch eine Eingrenzung verbunden: Feiern am Werktag werden hier nicht behandelt. Aber selbstverständlich und Gott sei Dank gibt es sie.

Liturgische Bücher für Wort-Gottes-Feiern am Sonntag

Bei einem Einführungskurs zur Wort-Gottes-Feier in einem schweizer Pastoralraum kamen erfreulicherweise auch einige Priester. Einer von ihnen machte seinem Ärger Luft, zu meiner Überraschung jedoch nicht über Wort-Gottes-Feiern, sondern darüber, dass ein liturgisches Buch dafür Vorgaben macht. Das Messbuch, so fand er, schränke schon genug ein, das müsse es nicht auch noch bei Wort-Gottes-Feiern geben. In Ausbildungskursen treffe ich immer wieder auf eine gegenteilige Auffassung: Die Priester hätten es einfach mit der Vorbereitung einer Eucharistiefeier. Sie brauchen nur das Messbuch aufzuschlagen, mehr nicht, that's it. Wer dagegen eine Wort-Gottes-Feier vorbereitet, brauche mindestens eine Stunde, die Predigt nicht mitgerechnet. Einmal erscheint ein liturgisches Buch als Einschränkung, einmal als Erleichterung der Vorbereitung und Gestaltung. Letzteres leisten auch Werkbücher und andere Medien für die Praxis. Wie kommt es, dass es dennoch liturgische Bücher für Wort-Gottes-Feiern am Sonntag gibt?

Wort-Gottes-Feiern entstanden in der Neuzeit in Situationen, in denen keine oder sehr wenige Eucharistiefeiern möglich waren, z. B. in der Zeit der Türkenherrschaft in Ungarn, nach der Französischen Revolution, während des Kulturkampfs in deutschen Diasporagebieten, nach dem 2. Weltkrieg in der damaligen DDR und in Missionsgebieten in Übersee. In der DDR entstanden Hefte für Wortgottesdienste, die unter Leitung von sogenannten Diakonatshelfern – Frauen gab es seinerzeit nicht in diesem Dienst – in kleinen Außenstationen von Pfarreien gefeiert wurden und zwar ohne Kommunionspendung, da diese Laien nicht erlaubt war. Das änderte sich 1965 durch eine römische Sondererlaubnis, was die Akzeptanz der Feier sehr beförderte. Die langjährigen Erfahrungen flossen in das erste deutschsprachige Feierbuch ein. Es erschien 1979 unter dem Titel: „Stationsgottesdienst. Kommunionfeier. Texte für den sonntäglichen Gottesdienst ohne Priester in den Außenstationen der Diaspora". Die Feiern hatten einen gleichbleibenden Aufbau, dem entsprechend dem Kirchenjahr passende Gebete und Lieder zugeordnet waren.

In Westdeutschland, Österreich und der Schweiz wurde dieses Buch nicht rezipiert. In Ringordnern, diözesanen Arbeitsbüchern etc. existierten auch hier verschiedene Hilfsmittel. Ein liturgisches Buch erschien erst 1997, und zwar für die Deutschschweiz: „Die Wortgottesfeier. Der Wortgottesdienst der Gemeinde am Sonntag. Vorsteherbuch für Laien". Wieder gab es eine Grundform und Auswahlelemente. Neu war das sogenannte „Feierliche Lob", das zum Spezifikum der Wort-Gottes-Feier wurde. Die Grundform hatte keine Kommunionspendung, sie war aber mit zwei Varianten im Buch enthalten; eine dritte Form der Kommunionspendung wurde 2007 als Ergänzungsheft publiziert.

Als Weiterentwicklung des Schweizer Feierbuchs, unter anderem durch Aufnahme von diözesanen Medien, entstand das Buch, das bis heute in den meisten Diözesen Deutschlands und Österreichs verwendet wird: „Wort-Gottes-Feier. Werkbuch für die Sonn- und Festtage", wiederum aufgeteilt in eine Grundform, einen Abschnitt für die Austeilung der Kommunion und Auswahlelemente. Neu ist die Einführung von Zeichenhandlungen, die Verbindung des Lobpreises mit dem Gloria und Eröffnungsgebete für die Sonntage im Jahreskreis, die sich auf das Evangelium des Tages beziehen.

Einen weiteren Entwicklungsschritt stellt das Schweizer Feierbuch „Die Wort-Gottes-Feier am Sonntag" von 2014 dar. Die Grundform hebt sich stärker als in den anderen Büchern von der Messe ab. Einige Zeichenhandlungen wurden aus dem in Deutschland und Österreich verwendeten Buch übernommen und ergänzt. Es gibt viel Material zur Auswahl. Die Kommunionspendung ist nicht enthalten, gab es doch das Ergänzungsheft, das inzwischen in einer bearbeiteten und ergänzten Neuauflage vorliegt.

Diese Einführung erschließt die geltenden liturgischen Bücher für Wort-Gottes-Feiern, also das in Deutschland und Österreich verwendete Werkbuch „Wort-Gottes-Feier“ von 2004 (zahlreiche Nachdrucke), das Schweizer Buch von 2014 (3. Aufl. 2021) und die Neuauflage des Ergänzungshefts von 2021.

Wort-Gottes-Feiern finden auch am Werktag an vielen Orten statt, und das ist sehr wertvoll. Auch dafür gibt es Bücher, z. B. das Werkbuch „Versammelt in seinem Namen“ (2016, [1]2008), das Abläufe und Texte für Andachten, Feiern der Tagzeiten und eben auch einfache „Wort-Gottes-Feiern“ bietet. Die Feierbücher für den Sonntag können selbstverständlich auch für den Werktag genutzt werden, indem man Teile weglässt, z. B. die Zeichenhandlung oder das Lobgebet. Wie Werktagsmessen schlichter gefeiert werden als die Eucharistiefeier am Sonntag, z. B. kein Gloria und Glaubensbekenntnis haben, kann man es auch hier halten.

Gottes Wort am Sonntag feiern

Die gottesdienstliche Versammlung von Christinnen und Christen am Sonntag ist tief ins kollektive Gedächtnis der Kirchen eingeschrieben. Wenn das Mitfeiern einer Eucharistiefeier nicht möglich ist, empfiehlt das katholische Kirchenrecht die Teilnahme an einem „Wortgottesdienst“ (vgl. Canon 1248 § 2 des Codex Iuris Canonici). Sonntägliche Wort-Gottes-Feiern wurden zum Ersatz für etwas, das sie nicht ersetzen können, selbst wenn die Kommunion ausgeteilt wird. Sie vom Wort Gottes her zu begreifen und zu feiern, führt dagegen an die Quellen ihrer Wirksamkeit, wie das folgende Kapitel zeigen wird. Doch woher kommt die einzigartige Hervorhebung des Sonntags und wie liest sie sich im Hinblick auf sonntägliche Wort-Gottes-Feiern?

Am ersten Tag der Woche, dem Tag nach dem Sabbat, erscheint der Auferstandene den beiden Jüngern auf dem Weg nach Emmaus (vgl. Lk 24,13–33). Im Gespräch deutet er ihnen die Ereignisse in Jerusalem aus den Worten der Schrift. Dann hält er mit ihnen Mahl. Jetzt erkennen sie ihn. Wort und Mahl: Das ist eine erste Spur für die spätere Grundstruktur der Eucharistiefeier mit Wortverkündigung und eucharistischem Mahl. Der erste Tag der jüdischen Woche ist nicht nur der erste Tag der Schöpfung, sondern zugleich der dritte Tag nach dem Tod Jesu am Kreuz: der Tag der Auferstehung und damit der Beginn der neuen Schöpfung. Dem Johannesevangelium zufolge erschien Jesus am ersten Tag der Woche (vgl. Joh 20,19) und acht Tage darauf noch einmal, als er sich dem Apostel Thomas zu erkennen gab (vgl. Joh 20,26). Wort und Mahl kommen hier nicht vor, die neue Wirklichkeit der Auferstehung formt dagegen beide Berichte. Der erste und zugleich achte Tag zieht seine Kraft aus dem österlichen Geheimnis.

Die Hinweise auf diesen besonderen Wochentag setzen sich fort: Paulus predigt am ersten Tag der Woche in Troas, wo sich alle versammelt hatten, und hält mit ihnen ein Mahl (vgl. Apg 20,7). Er fordert die Christinnen und Christen in Korinth auf, an diesem Tag Geld zu sammeln für die Gemeinde in Jerusalem (vgl. 1 Kor 16,1–2). Erfolgt die Sammlung an diesem Tag, weil sie zum Gottesdienst zusammenkommen oder ist es eine andere Versammlung? Es wird nicht gesagt. Die Offenbarung des Johannes nennt den „Herrentag", bis heute in den romanischen Sprachen einer der Namen für den Sonntag (ital. *domenica,* span. *domingo,* französisch *dimanche* von lat. *dominus*: Herr), als den Tag seiner Berufung (vgl. Offb 1,10). Von Liturgie keine Spur. Schließlich hält eine Kirchenordnung vom Ende des 1. Jahrhunderts fest: „Wenn ihr am Herrentag zusammenkommt, brecht das Brot und sagt Dank." Von da an mehren sich die Quellen für sonntägliche Eucharistiefeiern. Im 4. Jahrhundert wird der Sonntag schließlich zum arbeitsfreien Tag.

Die Versammlung zur sonntäglichen Eucharistiefeier war und ist konstitutiv für die christliche Existenz und für die kirchliche Gemeinschaft. Die Konstitution über die Kirche *Lumen Gentium* nennt sie „Quelle und Höhepunkt des ganzen christlichen Lebens" (Nr. 11); das Dekret über die Hirtenaufgabe der Bischöfe in der Kirche *Christus Dominus* spricht von „Mitte (lat. *centrum*) und Höhepunkt des ganzen Lebens der christlichen Gemeinde" (Nr. 30). Diese Aussagen finden sich seit dem Zweiten Vatikanischen Konzil in vielen Dokumenten.

Sie sind nicht überholt, und dennoch ist das vielen Christinnen und Christen nicht mehr plausibel, wie der Rückgang an Mitfeiernden seit Jahrzehnten zeigt. Begründungen wie die, dass der Auferstandene in ihre Mitte tritt, im verkündeten Wort zu ihnen spricht und sich selbst unter den Gestalten von Brot und Wein schenkt, werden viele von ihnen weder kennen noch verstehen. Ich bin der Überzeugung, dass man noch tiefer ansetzen muss: Die Eucharistiefeier und alle anderen Gottesdienste setzen ein persönliches Verhältnis zu Gott und zu Jesus Christus voraus oder wenigstens den Wunsch, in diese Beziehung hineinzufinden. Weder die Eucharistiefeier noch irgendein anderer christlicher Gottesdienst ist voraussetzungslos. Es braucht vielfältige, auch neue Lernorte für den christlichen Glauben. „Learning by doing" gilt auch für den Gottesdienst. Wenn es um den Aufbau einer Beziehung geht, reicht auch zwischenmenschlich ein einmaliges Treffen nicht. Sie entsteht durch Wiederholung, Stufen der Annäherung, unterschiedliche Formen der Begegnung, Beziehungspflege. Das Entstehen einer Beziehung und das In-Beziehung-Bleiben mit Jesus und Gott, den er Vater nennt, braucht das ebenso. Gottesdienste sind Begegnungsorte. Nicht die einzigen, natürlich! Gott ist da. Deshalb versammeln sich Christinnen und Christen regelmäßig am Sonntag zur Eucharistiefeier, zur Wort-Gottes-Feier, zuweilen auch zu einem Abendlob. Und das ist gut so.

Gottes Wort im Kirchenjahr feiern

Viele Osterkerzen werden mit dem ersten und letzten Buchstaben des griechischen Alphabets, mit Alpha und Omega, und der aktuellen Jahreszahl versehen. Die Begleitworte zu dieser Bezeichnung bei der Segnung der Osterkerze in der Osternacht verbinden den Auferstandenen mit der menschlichen Zeit und mit Gottes Ewigkeit: „Christus, gestern und heute, Anfang und Ende, Alpha und Omega. Sein ist die Zeit und die Ewigkeit. Sein ist die Macht und die Herrlichkeit in alle Ewigkeit. Amen.“ (MB I S. [65]) Die Osterkerze ist ein Christussymbol. Er ist Licht und Leben. Und er ist Wort. Jedes der chronologisch gezählten Jahre füllt das menschgewordene und zum Vater erhobene Wort mit seinem heilenden und heiligenden Wirken an den Menschen in ihrer Zeit. Das geschieht natürlich nicht nur in der Liturgie, aber dort geschieht es sicher: in der Eucharistiefeier und in vielen anderen Gottesdiensten, auch in der Wort-Gottes-Feier.

Wie wird dieser kirchenjahreszeitliche Bezug in Wort-Gottes-Feiern an Sonn- und Festtagen erfahrbar? Am stärksten wirken sicher die Kirchenlieder, sei es als Gemeindegesang, sei es durch den mehrstimmigen Gesang des Kirchenchors, der auch in Wort-Gottes-Feiern zum Einsatz kommen kann. Mit ihrer emotionalen Kraft und durch wiederholtes Singen prägen sie die Botschaft des Festes oder der Festzeit tiefer und nachhaltiger ein als wohl alle anderen Elemente der Liturgie. Zu dieser selbstverständlichen Praxis brauchen die Feierbücher nichts beizusteuern. Sie bieten Gebetstexte an und Zeichenhandlungen, die sich den von Ostern oder Weihnachten „geprägten Zeiten“ zuordnen lassen: Fastenzeit und Osterzeit, Advent und Weihnachtszeit.

In der Auswahl an kirchenjahreszeitlichen Gebeten unterscheiden sich die beiden Feierbücher. Für die geprägten Zeiten und die Festtage druckt das deutsch-österreichische Werkbuch die Tagesgebete der Eucharistiefeier als Eröffnungsgebete ab, sogar für Weihnachten und den Ostersonntag. Der Grenzfall eines Hochfestes ohne Eucharistiefeier kommt damit in den Blick. Aus nachvollziehbaren Gründen fehlen die Osternacht und Fronleichnam. Der zentrale „Lobpreis und Dank für Schöpfung und Neuschöpfung" im Werkbuch bietet ähnlich wie die Hochgebete des Messbuchs Einschübe für die Zeit im Kirchenjahr an. Im Übrigen lassen sich in den Lobpreisgebeten beider Bücher inhaltliche Bezüge zu den Festen ausmachen. Schlussgebete sind in der Grundform beider Feierbücher nicht vorgesehen, die wenigen dennoch abgedruckten haben keinen kirchenjahreszeitlichen Bezug. Dafür gibt es in der Schweizer Wort-Gottes-Feier unter den vielen Segensgebeten auch vier feierliche für die geprägten Zeiten. Die größte Auswahl an kirchenjahreszeitlichen Gebeten bietet das Ergänzungsheft mit Kommuniongebeten.

Wenn es um Erfahrbarkeit geht, sind Zeichenhandlungen stärker als Gebete: Die nonverbalen Anteile menschlicher Kommunikation übersteigen die verbalen bei Weitem. Die beiden Feierbücher berücksichtigen das. Eine Lichtdanksagung (Luzernar) passt z. B. in der Advents- und Weihnachtszeit, am Fest Darstellung des Herrn und Allerheiligen/Allerseelen. Das Taufgedächtnis kann am Fest Taufe des Herrn, der Gebetswoche für die Einheit der Christen, in der Osterzeit, am Patrozinium und Allerheiligen/Allerseelen gefeiert werden. Die nur im Schweizer Buch bereitgestellte Feier mit Bußakt und Versöhnung steht u. a. für die Österliche Bußzeit und den Advent zur Verfügung.

Die größte kirchenjahreszeitliche Vielfalt bieten Segnungen, für die beide Feierbücher auf das Benediktionale verweisen. Eine Segnung kann im Eröffnungsteil einer Wort-Gottes-Feier erfolgen, z. B. als Segnung des Adventskranzes, von Kerzen am Fest Darstellung des Herrn und von Zweigen am Palmsonntag, oder nach der Wortverkündigung, z. B. als Segnung und Austeilung der Asche am Aschermittwoch oder als Kindersegnung in der Weihnachtszeit, oder vor bzw. nach dem Schlusssegen, z. B. beim Blasiussegen, der Speisesegnung an Ostern und beim Wettersegen. Manche werden regionalen Bräuchen entsprechend an einem dieser drei Orte eingefügt. Immer preisen sie Gott für sein Wirken, danken ihm und bitten um sein Mit-sein auf dem Weg der Menschen.

THEOLOGISCHE GRUNDLAGEN

Der österliche Schritt vom Tod zum Leben

Wie wird eine vergangene Wirklichkeit in einer späteren Zeit wieder gegenwärtig? Menschen erinnern sich an ihre Studienzeit oder den letzten Urlaub. Im Erzählen wird das, was sich nicht wiederholen lässt, wieder lebendig. Man muss nur in die Gesichter schauen, dann sieht man es. Aber gegenwärtig in dem Sinn, dass dasselbe inspirierende Seminar gerade stattfindet oder die Wellen im Meer jetzt über meine Füße rollen, ist es nicht. Und liebe Verstorbene, an die ich mich erinnere, erstehen dadurch nicht zum Leben. Was vergangen ist, ist vergangen.

Die Behauptung der Liturgiekonstitution *Sacrosanctum Concilium*, die seitdem in vielen anderen Dokumenten und liturgietheologischen Beiträgen wiederholt wird, mutet kühn an: „Um dieses große Werk voll zu verwirklichen, ist Christus seiner Kirche immerdar gegenwärtig, besonders in den liturgischen Handlungen." (Nr. 7) Das große Werk ist die Feier des österlichen Schritts vom Kreuz zur Auferstehung, vom Tod zum Leben, das sogenannte Pascha-Mysterium, in das Jesus Christus in der Taufe, der Eucharistiefeier etc. die Gläubigen hineinnimmt. Damit das geschehen kann, ist er in der Eucharistiefeier gegenwärtig „unter den eucharistischen Gestalten … in den Sakramenten … in seinem Wort, da er selbst spricht, wenn die heiligen Schriften in der Kirche gelesen werden, … wenn die Kirche betet und singt" (Nr. 7). Die Gegenwart Christi ist die Voraussetzung dafür, dass Menschen hier und heute leibhaftig und real mit Ereignissen in Berührung kommen, die schon zu Lebzeiten Jesu und noch mehr nach Ostern Leben ermöglichen und tiefe Freude auslösen. Doch wie soll das gehen?

Der Dreh- und Angelpunkt ist genau dieser österliche Schritt vom Tod zum Leben. Jesus stirbt, wird begraben, vom Vater auferweckt von den Toten und zu ihm erhöht, wo er lebt und Leben ist. Von diesem Ereigniszusammenhang sagt der Katechismus der Katholischen Kirche (Nr. 1085): „Alle anderen Ereignisse geschehen einmal, dann gehen sie vorüber, versinken in der Vergangenheit. Das Pascha-Mysterium Christi hingegen kann nicht in der Vergangenheit bleiben, denn durch seinen Tod hat er den Tod besiegt." Der Tod durchkreuzt jede Möglichkeit der Fortsetzung einer Beziehung oder eines Tuns, geschweige denn der Wiederholung eines Ereignisses. Er setzt dem Menschen, so wie er leibt und lebt, eine letzte Grenze. Mit der Auferstehung Jesu von den Toten ist diese Grenze gesprengt. Als wäre da ein Riss in der Zeit. Der Katechismus fährt fort: „Alles, was Christus ist, und alles, was er für alle Menschen getan und gelitten hat, nimmt an der Ewigkeit Gottes teil, steht somit über allen Zeiten und wird ihnen gegenwärtig." Die vergangenen Ereignisse sind ihren historischen Umständen nach vergangen, in Christus aber stehen sie jenseits der Zeit. Durch das Wirken des Heiligen Geistes wird gewissermaßen jene feine Grenze zwischen Zeit und Ewigkeit durchlässig, so dass Christus in der Mitte der heute zur Feier der Liturgie versammelten Menschen gegenwärtig sein kann. Das gilt auch für die Wortverkündigung, denn auch sie ist Feier des Pascha-Mysteriums. Deshalb gilt auch in der Wort-Gottes-Feier die Zusage, mit der dieser starke Passus aus dem Katechismus schließt: „Das Ereignis des Kreuzes und der Auferstehung ist etwas *Bleibendes* und zieht alles zum Leben hin" (kursiv im Katechismus). Dass es sich dabei um ein Glaubensgeheimnis handelt, etwas, das sich der rationalen Erklärung entzieht, weil es in immer tiefere Schichten hineinverweist, muss wohl nicht betont werden. Als etwas Bleibendes, das alles zum Leben hinzieht, muss es in die menschliche Zeit hinein vergegenwärtigt werden. Und das geschieht durch den Heiligen Geist, wenn Christus in der Liturgie gegenwärtig ist.

Gegenwart Christi im Wort der Heiligen Schriften

„Gegenwärtig ist er [Christus] in seinem Wort, da er selbst spricht, wenn die heiligen Schriften in der Kirche gelesen werden." (SC Nr. 7) Für die Wort-Gottes-Feier ist das zentral. Von der Gegenwart Christi in der Eucharistie zu sprechen, ist einigermaßen vertraut. Aber wie kann er im Wort der Heiligen Schrift, oder um es noch schwieriger zu machen: in den Heiligen Schriften, also nicht nur im Evangelium, gegenwärtig sein?

Die Pastorale Einführung in das Messlektionar verweist dafür zurück auf das Neue Testament: „Dabei wird der Gottesdienst, der ganz aus dem Wort Gottes lebt, selbst zu einem neuen Heilsereignis. Er legt das Wort neu aus und lässt es neu wirksam werden." Will sagen: Im Gottesdienst ereignet sich heute neu und wirksam das, was Gott einst geschehen ließ. Die Pastorale Einführung fährt fort: „So folgt die Kirche in der Liturgie treu der Art und Weise, wie Christus die heiligen Schriften gelesen und ausgelegt hat. Er hat dazu aufgefordert, alle Schriften zu ergründen vom ‚Heute' des Ereignisses her, das er selber ist (vgl. Lk 4,16–21; 24,25–35. 44–49)." (Nr. 6)

Die Bibelstellen verweisen auf den Beginn seines öffentlichen Auftretens und die Erscheinungen des Auferstandenen. In Lk 4,16–21 trägt Jesus in der Synagoge seiner Heimatstadt Nazaret eine Lesung aus dem Propheten Jesaja vor – ein Mensch, der mit dem Geist gesalbt ist, hat gute Nachrichten für Arme, Gefangene, Blinde und Zerschlagene – und beginnt seine Predigt mit den Worten: „Heute hat sich das Schriftwort, das ihr eben gehört habt, erfüllt." Die Anwesenden verstehen wohl, dass er mit diesem Schriftwort besondere Taten ankündigt. Sie scheinen aber nicht zu verstehen, dass sich das Heute auf ihn als Person bezieht. Das Reich Gottes besteht nicht nur in seinen Worten und Handlungen. Man kann Jesus nicht daraus herauslösen, ohne das Ganze zu verlieren. Das Heute des Ereignisses ist er selber.

Ähnlich verhält es sich mit den beiden anderen Stellen. Die beiden Emmausjünger sind ratlos angesichts der Kreuzigung und der ersten Auferstehungszeugnisse. Er aber „legte ihnen dar, ausgehend von Mose und allen Propheten, was in der gesamten Schrift über ihn geschrieben steht" (Lk 24,27). Kurz danach bei der Erscheinung in Jerusalem „öffnete er ihren Sinn für das Verständnis der Schriften" (Lk 24,45), die sich in seinem Leiden und seiner Auferstehung erfüllten. Wiederum: Es geht um ihn selbst.

Man kann ihn nicht aus den Schriften seines jüdischen Volkes herauslösen, ohne das Ganze zu verlieren: ihn selbst und diese Schriften. Solche antijüdischen Versuche gab es in den ersten Jahrhunderten tatsächlich. Wenn die Liturgiekonstitution von Heiligen Schriften im Plural spricht, widersteht sie dieser Versuchung. Aber erkauft sie sich damit nicht ein mindestens ebenso schwerwiegendes Problem, nämlich die Enteignung des jüdischen Volkes durch eine christologische Lesart der Schriften des Ersten Testaments? Auch dafür lassen sich mehr als genug Beispiele in der Theologie- und Kirchengeschichte finden. Zu Recht reagieren Vertreterinnen und Vertreter aus dem Judentum und den christlichen Kirchen darauf mit Zurückweisung.

Eine einfache Lösung kann es nicht geben. Könnte es eine doppelte Lesart für die Heiligen Schriften des Ersten Testaments geben? So, dass Jüdinnen und Juden seine Botschaft als erstberufenes Volk anders verstehen als Christinnen und Christen als in Christus berufenes Volk? So, dass Jüdinnen und Juden ihre in den Schriften bekundete Erwählung als weiterhin offen erfahren für das Kommen des Messias, während Christinnen und Christen in ihrer Herkünftigkeit von Jesus, dem Messias, mit denselben Schriften verbunden sind, ihn darin erkennen und sein Wiederkommen erwarten? Ist es möglich, diese Fragen in gegenseitigem Respekt offen zu halten, bis Gott selbst beiden zugleich Erkenntnis schenkt?

Seine Stimme hören

Weder eine außerordentliche mystische Erfahrung noch ein psychiatrisches Krankheitsbild gehören zum Hören *seiner* Stimme im Gottesdienst. Vielmehr geht es um die Fortsetzung einer biblischen Erfahrung. Es ist eine Stimme, die Abram auffordert, sein Vaterhaus zu verlassen (vgl. Gen 12,1). Es ist eine Stimme, die Samuel dreimal im Traum ruft (vgl. 1 Sam 3,1–21). Weil er sie noch nicht kannte, versteht er nicht, dass es nicht Eli ist, der ihn ruft, sondern Gott. „Heute, wenn ihr seine Stimme hört, verhärtet nicht euer Herz", heißt es in Psalm 95, einem Wallfahrtspsalm. Die Pilger kommen in Jerusalem an, im Tempel, sie treten vor Gott, der gegenwärtig ist. Seiner Stimme sollen sie sich öffnen, die sollen sie nicht überhören.

Gegenwärtig ist er auch in der Liturgie. Christinnen und Christen sind zum Hören gerufen, besser: berufen. Ich behaupte nicht, dass jede und jeder in jeder Feier seine Stimme hört. Vielleicht widerfährt es nur einer einzigen Person. Und selten. Vielleicht stellt es sich auch erst im Rückblick heraus. Dennoch bin ich überzeugt, dass alle, die noch immer – und hoffentlich mit Freude – Gottesdienst feiern, Momente erlebt haben, in denen eine Lesung oder ein einzelner Vers zu einer Evidenzerfahrung führte: Das passt genau in meine Lebenssituation, ich bin gemeint, das löst einen Knoten bei mir … Aber ist das *seine* Stimme? Die Person, die gerade die Lesung oder das Evangelium verkündet oder den Antwortpsalm singt, kann meine Evidenzerfahrung nicht herstellen. Sie ist „nur" Sprachrohr.

So viel ist klar: Hören ist anspruchsvoll. Wenn Schallwellen an mein Ohr dringen, nehme ich etwas wahr. Ein Martinshorn überhöre ich nicht, das Summen einer Hummel an einer befahrenen Straße geht im Lärm unter. Einen Menschen, der mich anspricht, höre ich, und doch passiert es, dass die Gedanken abschweifen und ich nicht mehr hinhöre. Anders wird es erst, wenn ich ernsthaft zuhöre. Weil es mich fesselt, weil es mich betrifft, weil ich etwas davon erwarte – oder weil die andere oder der andere von etwas betroffen ist und etwas von mir erwartet. Dann bin ich „ganz Ohr". Das Hintergrundrauschen der eigenen Gedanken tritt nicht mehr dazwischen. Zwischentöne oder sogar Unausgesprochenes werden hörbar. Vielleicht sagt der Klang der Stimme mehr als die Worte. Im Wort ereignet sich etwas. Das gesprochene Wort ist angekommen. Ein Resonanzraum entsteht. Berührung. Beziehung. Gemeinschaft.

Um diese Tiefe des Hörens geht es im Hören *seiner* Stimme. Um mehr als Schallwellen, um mehr als Hinhören. Natürlich braucht es im Gottesdienst die Sprecherinnen und Sprecher. Sie leihen dem, der jede und jeden Einzelnen und alle zusammen ansprechen möchte, ihre Stimme. Das macht die Würde ihres liturgischen Dienstes aus, das ruft sie in Verantwortung für die Verkündigung. Ohne Zuhörerinnen und Zuhörer, die ganz Ohr sind, die etwas von dem erwarten, was ihnen vorgetragen wird, die Zwischentöne oder Unausgesprochenes hinter den vielen Wörtern hören, kommt das Wort der Schrift als in ihre Gegenwart hineingesprochenes nicht an. „Heute, wenn ihr meine Stimme hört, verhärtet nicht euer Herz."

Wird den Zuhörenden damit nicht zu viel abverlangt? Können sie das leisten? Nein, und sie müssen es auch nicht. Bei Jesaja heißt es vom Gottesknecht: „Gott, der Herr, hat mir das Ohr geöffnet" (Jes 50,5). Zu einem, der taub war und stammelte, sagt Jesus „Effata … öffne dich!", und es geschieht (Mk 7,34–35). Er kann hören und sprechen. Später wird daraus der Effata-Ritus der Taufe mit dem Berühren der Ohren und des Mundes. Symbolisch öffnet das den Getauften das Ohr zum Hören für das Wort der Schrift. Gott selbst ermöglicht das Hören seiner Stimme. Das Wort kann ganz ankommen, ein Resonanzraum entstehen, wenn wir ganz Ohr sind. Dann erfahren Mitfeiernde Gemeinschaft im Wort, zuweilen auch Heilung und Wandlung.

Die Kirche als „Haus des Wortes"

„Wenn man die Kirche als ‚Haus des Wortes' betrachtet, muss man sich vor allem der heiligen Liturgie zuwenden. Sie ist in der Tat das bevorzugte Umfeld, in dem Gott in der Gegenwart unseres Lebens zu uns spricht – heute zu seinem Volk spricht, das zuhört und antwortet." (Nachsynodales Apostolisches Schreiben *Verbum Domini* von Papst Benedikt XVI. über das Wort Gottes im Leben und in der Sendung der Kirche, Nr. 52) Ein „Haus des Gebetes" kennt man aus der Bibel. Bei der sogenannten Tempelreinigung fragt Jesus nach einem Zitat aus Jes 56,7: „Heißt es nicht in der Schrift: Mein Haus soll ein Haus des Gebetes für alle Völker genannt werden?" (Mk 11,17) Was aber ist ein oder gar *das* „Haus des Wortes"? Was bedeutet dieses Bild? Oder ist es mehr als ein Bild?

In der Schlussbotschaft zur römischen Bischofssynode „Über das Wort Gottes im Leben und in der Sendung der Kirche" im Jahr 2008 heißt es: „Wie sich die göttliche Weisheit im Alten Testament ihr von sieben Säulen gestütztes Haus (vgl. Spr 9,1) in der Stadt der Männer und Frauen errichtet hatte, so hat auch das Wort Gottes sein Haus im Neuen Testament: Es ist die Kirche … In der Apostelgeschichte (2,42) zeichnet Lukas ihre Architektur nach, die auf vier ideellen Säulen ruht: ‚Sie hielten an der Lehre der Apostel fest und an der Gemeinschaft, am Brechen des Brotes und an den Gebeten'" (einleitender Absatz zu III. Das Haus des Wortes: die Kirche, nichtoffizielle Übersetzung).

Die Entsprechung zur Weisheit zeigt, dass es in der Wendung „Haus des Wortes" um das Wort in Person geht, um Jesus Christus. Von ihm her wird die Kirche errichtet. Als die Väter des Zweiten Vatikanischen Konzils die Konstitution über die göttliche Offenbarung *Dei Verbum* mit den Worten eröffneten: „Gottes Wort voll Ehrfurcht hörend und voll Zuversicht verkündend" (Nr. 1), stellten sie die Kirche als Hörende heraus. Papst Benedikt XVI.

strich das dick rot an, als er im Jahr 2010 im Nachsynodalen Schreiben *Verbum Domini* über die Kirche sagte: „Sie ist eine Gemeinschaft, die das Wort Gottes hört und verkündet. Die Kirche lebt nicht von sich selbst, sondern vom Evangelium und schöpft aus dem Evangelium immer aufs Neue Orientierung für ihren Weg." (Nr. 51) Die Kirche existiert von Christus her, hat dort ihr Zentrum, sie verfügt nicht autonom über sich selbst. Er selbst ruft sie zusammen. Deshalb muss sie sein Wort immer wieder neu hören: „Durch das Hören des Wortes Gottes baut sich die Kirche auf und wächst. Die wunderbaren Taten, die Gott einst auf vielfältige Weise in der Heilsgeschichte gewirkt hat, werden unter den Zeichen gottesdienstlichen Feierns geheimnisvoll, aber wirklich gegenwärtig." (Pastorale Einführung in das Messlektionar Nr. 7)

Die Wortverkündigung bildet zusammen mit Katechese und Predigt eine der vier Säulen, von denen Benedikt XVI. in Anlehnung an die Apostelgeschichte spricht. Die Eucharistie ist die zweite Säule. Bei der dritten Säule, den Gebeten, nennt er das Stundengebet, das fast nur aus Schrifttexten besteht, und en passant die Wort-Gottes-Feier, dann vor allem die *lectio divina*, eine Form der Schriftmeditation. Das Bibelteilen als vom Gebet getragenes Hören der Schrift und ins Leben führende gemeinschaftliche Schriftmeditation als Hauskirche wäre ein weiteres herausragendes Beispiel für die Kirche als Haus des Wortes. Die vierte Säule ist die Koinonia, die Gemeinschaft im Leben und Handeln in Entsprechung zum gehörten Wort. Das Bild von den vier Säulen darf man natürlich nicht zu statisch denken. Wenn Jesus Christus das Zentrum ist, von dem her Kirche existiert, dann ist die Koinonia der Weg nach außen, an die Ränder, zu den Menschen. Die Verkündigung und die hörende Aufnahme des Wortes münden in die Sendung – wie die Apostelgeschichte lang und breit erzählt.

Was heißt das alles für Wort-Gottes-Feiern? Die Frage lässt sich mit Benedikt XVI. beantworten: „Sie sind eine bevorzugte Gelegenheit der Begegnung mit dem Herrn" (Verbum Domini Nr. 65), deshalb sind „alle Hirten aufgefordert, in den ihnen anvertrauten Gemeinden die *Wort-Gottes-Feiern* zu verbreiten" (ebd. kursiv im Original). Auch hier entsteht im Hören Kirche.

Das Wort als Nahrung

„Der Mensch lebt nicht vom Brot allein, sondern von jedem Wort, das aus Gottes Mund stammt" (Mt 4,4; vgl. Dtn 8,3), schleudert Jesus dem Teufel in der Wüste entgegen. Mit einem Schriftwort schlägt er den Versucher. Den Zusammenhang von Wort Gottes und Nahrung kennt die Bibel an vielen Stellen. Dass Jesus in der Wüste diesen Bezug herstellt, ist kein Zufall. In der Wüste hatte das Volk das Manna vom Himmel als Nahrung erhalten. In der Wüste hatte Mose die Tora empfangen. In der Berufung des Propheten Ezechiel erhält eine Buchrolle eine besondere Bedeutung. Sie ist über und über mit bitteren Worten beschrieben. Eine Stimme gebietet ihm, die Rolle zu essen. Und sie wird süß in seinem Mund wie Honig (vgl. Ez 3,3), was auf das Manna anspielt. Danach wird Ezechiel zum Haus Israel gesandt, um mit Gottes Worten zu ihnen zu sprechen, aber nicht, um ihnen nach dem Mund zu reden. Auch den Betenden des großen Tora-Psalms mundet das Wort der Weisung: „Wie süß ist dein Spruch meinem Gaumen, meinem Mund ist er süßer als Honig." (Ps 119,103)

Die Brot- und Manna-Metapher für das Wort Gottes schließt bei aller Süße Herausforderungen nicht aus. Das Wort muss gekaut und verdaut werden, nicht nur von Ezechiel. Psalm 1 preist den Menschen glücklich, der Gottes Weisung murmelt bei Tag und bei Nacht (vgl. Ps 1,2). Er ist wie ein Baum, der an Wasserbächen gepflanzt ist und Frucht bringt. Das Murmeln würde man heute wohl als Meditationsübung bezeichnen. Jemand wiederholt Schriftworte immer und immer wieder. Im frühen Mönchtum wurde eine Technik daraus. Im Wiederholen der Schriftworte kommt es zu einer Art Wiederkäuen *(ruminatio)*. Verdauung der Worte ist ein Vorgang der Aneignung, aber nicht intellektueller Art, sondern einer Verinnerlichung durch ‚den Bauch'. Einige große Schrifttheologen der Alten Kirche bedienen sich dafür wieder biblischer Bilder: „Unser Manna ist das Wort Gottes“ (Origenes, gest. um 254). Ambrosius von Mailand (gest. 397) bezieht jene Stelle aus der Offenbarung des Johannes, die bis heute oft als Einladung zur Kommunion verwendet wird (Offb 19,9), dem biblischen Kontext entsprechend auf das Wort Gottes. Wir sind „eingeladen zum Hochzeitsmahl des Wortes“. Für Augustinus ist das tägliche Brot, um das im Vaterunser gebeten wird, nicht nur die Eucharistie, sondern auch das Wort der Lesung. Für diese Linie der altkirchlichen Schrifttheologie fand der Schweizer Jesuit Franz Maier in den 50er Jahren des 20. Jahrhunderts den Begriff „Wortkommunion“. Die Parallelität der Nahrung durch das Wort Gottes und durch die Eucharistie legte es nahe, in beiden Fällen von Kommunion zu sprechen. Beide nähren geistlich, beide schenken Gemeinschaft mit Christus und untereinander. In der Liturgie- und Frömmigkeitsgeschichte trat die Wortkommunion allerdings seit dem Ende der Spätantike zurück, was in der katholischen Kirche bis ins 20. Jahrhundert, wenn nicht bis in die Gegenwart so blieb.

Die Worttheologie des Zweiten Vatikanischen Konzils greift ein anderes Bild auf, wenn vom „Tisch des Wortes“ und vom „Tisch des Leibes Christi“ gesprochen wird (vgl. Dei Verbum Nr. 21). Nahrung empfangen die Gläubigen an beiden Tischen. Der Tisch des Wortes soll reicher gedeckt werden (vgl. SC Nr. 51), als er es bis zum Konzil war. Die nachkonziliare Leseordnung war tatsächlich ein gewaltiger Schritt zu einem reichhaltigen Nahrungsangebot. Die geistliche Qualität des Wortes Gottes nicht nur theologisch aufzuzeigen, sondern zu einer geistlichen Quelle werden zu lassen, ist jedoch angesichts der Fremdheit vieler Schrifttexte ein langer Weg. Es braucht deshalb Orte, die dem Wort Gottes viel Raum geben, damit es seinen Geschmack entfalten kann. Geistliche Techniken wie das schon genannte Bibelteilen, die *lectio divina* oder auch das schlichte Wiederholen eines Verses über einen Tag hin, sind wertvoll. Die Wort-Gottes-Feier als gemeinschaftliche geistliche Begegnung kann daran anknüpfen oder diese Formen anstoßen. Sie ist eine Einladung: „Kostet und seht, wie gut der HERR ist!“ (Ps 34,9)

Eine Begegnung und der Aufbau einer Feier

Worin stimmen eine Begegnung zwischen zwei Menschen und die üblicherweise vier Hauptteile der meisten liturgischen Feiern überein? Um diese wahrscheinlich überraschende Frage zu beantworten, schaue ich auf Menschen, die sich treffen.

„Guten Morgen, Martin", begrüße ich meinen Arbeitskollegen, der meinen Gruß erwidert: „Hallo Gunda". Wir haben uns ein paar Tage nicht gesehen, also frage ich: „Wie war dein Kurs am Samstag"? Er beginnt zu erzählen. Wir diskutieren das eine oder andere und sind längst nicht mehr beim letzten Kurstag, sondern im Hier und Jetzt eines fachlichen Austausches. Weil es ja noch Arbeit gibt, beenden wird das Gespräch und setzen uns an den Schreibtisch. Eine ganz alltägliche Situation also. Man kann vier Schritte erkennen.

Verbunden mit dem Gruß nennen die beiden sich mit Namen. Wie wichtig der Name ist, zeigt eine andere alltägliche Situation: Ich zahle mit Kreditkarte, die Verkäuferin fragt danach: „Hätten Sie gerne eine Tüte, Frau Brüske?" Einen Menschen mit Namen anzusprechen, schafft Verbindung. Als Person bin ich kein „no name". Sich mit Namen anzusprechen, ist nicht banal. Gottesdienste beginnen in der Regel „Im Namen des Vaters und des Sohnes und des Heiligen Geistes". Das Kyrie ruft nach dem Kyrios, nach Jesus, der im Neuen Testament so genannt wird. Gebete sprechen Gott mit seinem Namen an. Der Name ist kostbar. Er steht am Anfang einer Begegnung, einer Feier und eines Gebets.

Wenn Menschen sich wiedersehen, knüpfen sie oft an etwas Vergangenem an: hier am Kurstag, zuweilen an der letzten Begegnung, und wenn sie sich lange nicht gesehen haben, geraten sie vielleicht ins Erzählen: „Weißt Du noch, damals als …". Der

Faden aus der Vergangenheit wird aufgenommen und im Gespräch ins Heute geholt. In den meisten Gottesdiensten folgt auf den Eröffnungsteil der zweite mit der Schriftverkündigung: die vergangene Geschichte Gottes mit den Menschen, die im Hören und Antworten von der biblischen Urzeit bis zum Heute der Feiernden reicht. Im Erzählen wird das Vergangene zur gemeinsamen Geschichte über den Abstand der Zeiten hinweg.

Die Begegnung hat sich unterdessen immer mehr in die Gegenwart verschoben – sei es im Gespräch, sei es im Tun. Vielleicht essen die Personen jetzt zusammen oder sie schauen zusammen einen Film. Es gibt tausend Möglichkeiten. In Gottesdiensten folgt auf die Verkündigung, die ja schon in die Gegenwart geführt hat, das gemeinsame Tun der Versammelten – der eucharistische Teil der Messfeier, eine Taufe, bei Kindergottesdiensten ein aktives Element, in der Wort-Gottes-Feier eine Zeichenhandlung.

Und irgendwann endet die Begegnung und die beiden gehen wieder auseinander. Abschließende Worte oder Formeln gehören dazu, man gibt sich die Hand: „Auf Wiedersehen". So hat auch der letzte, kurze Teil der Feier wenige typische Schlusselemente wie Gebet und Segen. Es geht nicht zu wie bei einer Verabschiedung, bei der jemand in der Haustür stehend immer neu zu erzählen beginnt. Das ist im Alltag und im Gottesdienst mühsam. Allein deshalb sollten die Mitteilungen aus dem Leben der Pfarrei und die Ankündigungen für die folgende Woche knapp gehalten werden.

Auch die Wort-Gottes-Feier hat vier Teile: Eröffnung – Wortverkündigung – Handeln in Zeichen und Wort – Abschluss. In ihrer Grundstruktur gleicht der liturgische Dialog zwischen Gott und den Menschen also dem typischen Ablauf einer zwischenmenschlichen Begegnung.

Der geistliche Weg und der Ablauf einer Wort-Gottes-Feier

Der Ablauf eines Gottesdienstes ist nicht beliebig. Vieles entspricht, wie im letzten Abschnitt beschrieben, in der Abfolge typischen Schritten einer zwischenmenschlichen Begegnung – auch die Wort-Gottes-Feier. Liturgie ist Dialog zwischen Gott und den Menschen: „Denn in der Liturgie spricht Gott zu seinem Volk; in ihr verkündet Christus noch immer die Frohe Botschaft. Das Volk aber antwortet mit Gebet und Gesang." (SC Nr. 33)

Die ganze Wort-Gottes-Feier ist ausgerichtet auf das Hören des Wortes und die Antwort der Mitfeiernden. Deshalb unterscheidet sie sich auch von der Eucharistiefeier, insbesondere durch die Prozession mit dem Lektionar vor der ersten Lesung – Gott spricht durch alle Schriften zu seinem Volk – und durch die Zeichenhandlungen. „Gottes Wort feiern heißt: ihm begegnen, sich von ihm verwandeln lassen und antworten durch Zeichen der Verehrung; es heißt: durch Lobpreis und Bitte, Gesang und Gebet Gemeinschaft werden im gehörten Wort, Gottes Frieden weitergeben und in das alltägliche Leben hineintragen. Diesen geistlichen Prozess soll die Wort-Gottes-Feier ermöglichen. Sie entfaltet sich dementsprechend in vier Schritten." (CH Nr. 24)

Die vier Hauptteile des geistlichen Wegs und der Feier sind in beiden Büchern gleich. Die geistliche Dynamik innerhalb der vier Hauptteile und die liturgischen Elemente unterscheiden sich teilweise

Der geistliche Weg einer Wort-Gottes-Feier

1. *In die Gegenwart Gottes treten – Eröffnung*
   Zurücktreten des Alltags
   Sammlung
   Da sein vor Gott
   Gemeinschaft werden
   Bereit werden zum Hören

2. *Gottes Wort hören – Verkündigung*
   Das Wort in Gestalt des Buchs tritt in die Mitte
   Die Hörerwartung steigt
   Das Wort wird zum Ereignis
   Aneignung des Wortes

3. *Auf das Wort antworten – Zeichenhandlung und Lobpreis*
   Antworten im Zeichenhandeln
   Antworten im Lobpreis
   Antworten im Eintreten für andere
   Antworten im Gebet des Herrn
   Das Empfangene teilen

4. *Gottes Wort hinaustragen – Abschluss*
   Die Feier abschließen
   Den Schritt in den Gottesdienst des Lebens tun

Ablauf einer Wort-Gottes-Feier

Deutschschweizer Buch

1. In die Gegenwart Gottes treten – Eröffnung

Einzug
Liturgischer Gruß
Litaneigebet

(oder Eröffnung mit
Lichtdanksagung)

*2. Gottes Wort hören –
Verkündigung*

Prozession mit Lektionar
Erste Lesung
Antwortpsalm
Zweite Lesung
Halleluja (Christusruf)
Evangelium
Predigt
Lied

3. Auf das Wort antworten – Zeichenhandlung und Lobpreis

Zeichenhandlungen:

- Verehrung des Wortes
- Zuspruch biblisches Wort
- Taufgedächtnis
- Bußakt und Versöhnung

Lobpreis
Fürbitten
Gebet des Herrn
Friedenszeichen
Lied
Mitteilungen und Kollekte

4. Gottes Wort hinaustragen – Abschluss

Segensbitte
Entlassung
Auszug

Deutsch-österreichisches Buch

Eröffnung

Einzug
Liturgischer Gruß
Christusrufe (Kyrie-Litanei)
Eröffnungsgebet
(oder Eröffnung mit
Lichtdanksagung)

Verkündigung des Wortes

(Holen des Lektionars)
Erste Lesung
Psalm (Gesang)
Zweite Lesung
Ruf vor dem Evangelium
Evangelium
Auslegung und Deutung
Stille

Antwort der Gemeinde

Antworten:
Glaubensbekenntnis

- Predigtlied
- Taufgedächtnis
- Schuldbekenntnis
- Weihrauchspende
- Verehrung des Wortes

Friedenszeichen
Kollekte
Lobpreis
Hymnus (Gloria / Dir gebührt)
Fürbitten
Vaterunser
Loblied / Danklied

Abschluss

Mitteilungen
Segensbitte
Entlassung
Auszug

PRAKTISCHE GRUNDLAGEN

Das Lektionar

Wer denkt bis zum Jahr 2040? Frauen und Männer in Versicherungen, im Immobiliengeschäft, in Parteien, Menschen, die sich um globales Wachstum und Umwelt sorgen, Zukunftsforscherinnen und -forscher – und die Verantwortlichen der Lektionare für die Sonn- und Festtage. Dort gibt eine Tabelle im Anhang für jedes Jahr bis 2040 Eckpunkte im Kirchenjahr mit Datum an. Für mindestens zwei Jahrzehnte wird dieses Buch – genauer seine acht Bände – in die Hände derer gelegt, die daraus in der Eucharistiefeier oder der Wort-Gottes-Feier das Wort Gottes verkünden. Das Lektionar ist kein Buch fürs Bücherregal. Nach einem Jahr ist es nicht ausgelesen. Was darin enthalten ist, soll unters (Gottes-)Volk gebracht werden, Jahr für Jahr.

Lektionare sind Lesebücher für die Liturgie. Die drei Bände für Sonn- und Festtage sind aufgeteilt in große Kapitel: Advent, Weihnachtszeit, Fastenzeit/Österliche Bußzeit, Heilige Woche/Karwoche, die drei Österlichen Tage und die Osterzeit, die Zeit im Jahreskreis mit Herrenfesten und Sonntagen, weitere Herrenfeste und Gedenktage der Heiligen, Jahresgedächtnis einer Kirchweihe und Anhänge. Zuweilen springt die Liturgie von einem Kapitel in ein späteres: nach der Weihnachtszeit zu den ersten Sonntagen im Jahreskreis, von diesen in die Fastenzeit zum Aschermittwoch, nach dem Pfingstmontag und Dreifaltigkeitsfest zu den weiteren Sonntagen im Jahreskreis. Nichts ist mit Datum versehen, denn das wechselt von Jahr zu Jahr. Bis zum Jahr 2040 gibt die Tabelle die Wechselpunkte mit Datum an. Im Internet oder in Buchform gibt es weitere, einfachere Hilfsmittel.

An den Sonn- oder Festtagen sind die Lesungen in der Reihenfolge der Leseordnung abgedruckt: erste Lesung, Antwortpsalm, zweite Lesung, Ruf vor dem Evangelium mit Halleluja oder Christusruf, Evangelium. Wer am Ambo steht, braucht eigentlich nicht viel zu blättern. Eigentlich, denn oft wird der Antwortpsalm weggelassen oder eine der beiden Lesungen. Alle Lesungen sind in sogenannte Sinnzeilen gesetzt. Wo ein Gedanke über mehr als eine Zeile reicht, ist die nächste Zeile eingerückt. Das hilft beim Vortrag. Die grau und in Großbuchstaben über die Lesungen gesetzten Worte fassen die Kernbotschaft des folgenden Textes zusammen. In der Vorbereitung hilft es, in die Lesung hineinzufinden.

Lektionare sind Lesebücher für die Liturgie, eine Auswahl aus der Bibel. Seit 2018 werden die Abschnitte der Bibel aus der revidierten Einheitsübersetzung von 2016 abgedruckt. Die früheren Lektionare boten den Text der Einheitsübersetzung von 1979. Könnte man nicht ebenso gut aus einer Bibel vortragen? Würde dann nicht viel deutlicher, dass die ganze Heilige Schrift Wort Gottes ist? Zum geistlichen Ablauf der Wort-Gottes-Feier passt das in der Tat besser. Die beiden liturgischen Bücher für Wort-Gottes-Feiern nennen daher zusätzlich zum Lektionar auch die Bibel (das deutsch-österreichische Buch außerdem das Evangeliar). Das hätte mehr Gewicht, symbolisch und buchstäblich. Eine Bibel in einer Schrittgröße, die für den Vortrag geeignet und daher auch in Sinnzeilen aufgeteilt ist, dürfte mehr als fünf Kilo wiegen. Für eine Prozession vor der ersten Lesung ist das zu schwer. Eine Möglichkeit wäre, nur die Lesungstexte in größerer Schrift und Sinnzeilen zu drucken. Tatsächlich wird darüber nachgedacht. Der Gebrauch eines Lektionars für die Prozession ist dennoch mehr als eine pragmatische Lösung. In den Sonntagslektionaren reicht die Auswahl der Lesungen vom ersten Buch der Bibel bis zum letzten. Die Tora, also die ersten fünf Bücher des Alten Testaments, die Geschichtserzählungen, Weisheitsliteratur und die Propheten sind ebenso vertreten wie die Evangelien, die Apostelgeschichte, die Briefe und die Offenbarung des Johannes. Die Lektionare für Sonn- und Festtage stehen damit für das Ganze der Schrift, auch wenn sie nicht alles enthalten, was in der Bibel steht.

Die Leseordnung

Wer als Lektorin oder Lektor einen Kurs besucht hat, kennt wahrscheinlich die Grundlagen der Leseordnung. Für Gläubige dagegen ist kaum verständlich, wann was gelesen wird, warum in dieser Reihenfolge und überhaupt: Reicht eine Lesung nicht auch? Weniger ist mehr, oder? Und warum nicht die schwierigen Texte, die ja doch keiner versteht, weglassen? Darauf gibt es natürlich mehr als eine Antwort. Also von vorne: Was ist eine Leseordnung und warum gibt es das?

Die Bibel ist ein dickes Buch, bestehend aus 73 einzelnen Büchern. Wenn daraus etwas im Gottesdienst gelesen werden soll, muss man eine Auswahl treffen. In den ersten christlichen Jahrhunderten führte das für die Sonn- und Festtage zur Auswahl einer alttestamentlichen Lesung, eines Psalms als einer Art gesungener Lesung, eines Abschnitts aus einem der neutestamentlichen Briefe und eines Abschnitts aus dem Evangelium. Am Ende der Spätantike fiel in der römisch-katholischen Kirche die alttestamentliche Lesung fast ganz weg. Bei den Evangelien „hörten" die Gläubigen fast nur das Matthäusevangelium – allerdings in lateinischer Sprache. In jährlichem Rhythmus wurden diese Lesungen wiederholt. Über 1500 Jahre blieb das eine recht sparsame Auswahl. Als sich in der Reformationszeit die Kirchen trennten, führten die Reformierten (anders die lutherischen und anglikanischen Kirchen) ein neues Prinzip ein: Ein biblisches Buch wurde fortlaufend auch über Monate gelesen und Stück für Stück in der Predigt ausgelegt. Das ist heute allerdings die Ausnahme.

In der ersten Hälfte des 20. Jahrhunderts entdeckten katholische Theologen die Bedeutung der Heiligen Schrift auf neue Weise. Das Zweite Vatikanische Konzil (1962–1965) stellte heraus: „Von größtem Gewicht für die Liturgiefeier ist die Heilige Schrift." (SC Nr. 24) Daraus folgt als logische Konsequenz: „Bei den heiligen Feiern soll die Schriftlesung reicher, mannigfaltiger und passender ausgestaltet werden." (ebd. Nr. 35,1)

Dieser Auftrag führte schließlich zu einer dreijährigen Leseordnung für die Sonn- und Festtage: Im ersten wird das Matthäusevangelium gelesen, im zweiten Markus und im dritten Lukas und zwar Sonntag für Sonntag in der Reihenfolge, wie es in der Bibel steht (an den Wochentagen werden jedes Jahr diese drei Evangelien gelesen). Das Johannesevangelium erklingt vor allem in Festzeiten. Alttestamentliche Lesungen wurden wieder eingeführt und so ausgewählt, dass sie zum Evangelium passen. Die Apostelgeschichte tritt in der Osterzeit an die Stelle der alttestamentlichen Lesungen. Die Briefe werden fortlaufend gelesen, allerdings mit vielen Auslassungen. Außer im Weihnachts- und Osterfestkreis sind die Texte aus den Briefen nicht im Hinblick auf die beiden anderen ausgewählt. Man darf deshalb bei den Lesungen der normalen Sonntage, den sogenannten Sonntagen im Jahreskreis, nicht damit rechnen, dass ein roter Faden alle Lesungen verbindet. Das erschwert das Hören der Lesungen. Manchmal passen sie dennoch zusammen, einfach weil die biblischen Schriften sich immer wieder aufeinander beziehen.

In den Festzeiten geht die Leseordnung anders vor: Alle Lesungen sollen im Hinblick auf den Festtag oder die Festzeit zusammenklingen. Mal läuft das über Bilder, mal über ein alttestamentliches Zitat oder eine Anspielung im Evangelium, mal über die Erfüllung einer prophetischen Vorhersage und anderes. So bilden sich Brücken zwischen den einzelnen biblischen Texten, auf denen die Gläubigen hin und her gehen können. Diese Brücken zu entdecken, ist manchmal einfach, manchmal gelingt es erst, wenn man alle Texte im Laufe der Jahre mehrfach hört, oder wenn man sie liest. Die biblische Landschaft über diese Brücken zu entdecken, die Glaubenserfahrungen der biblischen Väter und Mütter kennenzulernen und Jesus auf diesen Wegen zu treffen, kann ansteckend sein und wird den persönlichen Glauben aller, die sich darauf einlassen, und den aller Feiernden zusammen formen und beleben.

Der Lesung eine Stimme geben

Vor über zwanzig Jahren hörte ich eine Lesung aus der Offenbarung des Johannes. Sie begann mit den Worten: „Und ich sah …". Auf den Inhalt konnte ich mich nicht konzentrieren, obwohl ich es wirklich versuchte. Nach einer Weile schoss ein Gedanke durch meinen Kopf: Die Frau, die die Lesung gerade vorträgt, sieht nur Schatten und Nebel. Ich glaubte ihr nicht, dass sie sah, was der Seher auf Patmos sah. Natürlich: Die Johannes-Offenbarung ist keine einfache Kost, aber woran habe ich gemerkt, dass etwas nicht stimmt? Wahrscheinlich nicht am Text, sondern an ihrer Stimme, vielleicht auch an der Mimik oder ihrer Körperhaltung. Bei einer Störung zwischen dem Inhalt der Botschaft und dem nonverbalen Ausdruck glauben wir in der Regel unserer eigenen sinnlichen Wahrnehmung. Ohne Vorbereitung zum Ambo zu gehen und sich womöglich mit einer anspruchsvollen Lesung zu konfrontieren, ist also keine gute Idee.

Eine Beschäftigung mit dem Inhalt der Lesung tut nicht nur jenen Menschen gut, die sich meinem Vortrag aussetzen müssen, sondern mir selbst. Es ist persönlich bereichernd, tiefer in einen biblischen Text hineinzukommen. Dazu kann man etwas über den Inhalt lesen. Es gibt Internetseiten mit Erklärungen zu den Sonn- und Festtagslesungen oder Bibeln, die nach einer Texteinheit eine kurze Erläuterung abdrucken. Weil die Stimme allem, was wir sagen, den Klang verleiht, darf's vor allem aber eine lustvolle gesprochene Vorbereitung sein. Es gibt dazu viele Übungen, von denen ich einige ganz einfache vorschlage. Am besten macht man mehrere für sich allein zuhause nacheinander, denn mit jeder verändert sich etwas – im Sprechen, aber auch beim Wahrnehmen des Inhalts.

- Den ganzen Text zuerst leise lesen, dann laut lesen und zwar so, dass immer wieder ein „Mmh“ eingefügt wird, so als würde etwas besonders gut schmecken. Nach jedem Satz, nach einzelnen Wörtern, ganz wie es kommt und vor allem völlig unabhängig vom Inhalt.
- Den ganzen Text oder bei langen Texten einzelne Abschnitte viermal nacheinander laut vorlesen: langsam und betont lustlos; schnell, als wäre es furchtbar eilig; spannend wie einen Krimi; als wäre es eine todtraurige Geschichte.
- Den Text mit einem Korken im Mund lesen: Der Korken wird mit den Vorderzähnen festgehalten, so dass den Lippen genügend Raum zum Sprechen bleibt. Es klingt ziemlich lustig, aber hinterher ist die Aussprache viel klarer, weil der Mund weiter geöffnet wird. Wichtig ist, dass der Kiefer nicht verspannt. Diese Übung eignet sich also nicht zum Vorlesen ganzer Romane …
- Einen Satz mehrfach lesen und dabei jedes Mal ein anderes Wort betonen. Die drei Worte „Ich liebe dich“ sagen dann dreimal etwas anderes aus.

Ein weiterer spielerischer Zugang läuft über die menschliche Vorstellungskraft. Sehe ich etwas vor dem inneren Auge, verändert sich die Art, wie ich spreche, egal, ob ich mit meiner Vorstellung die historische Wirklichkeit treffe oder nicht. Wie geht das? Als Vortragende sind Sie nicht Jesus selbst oder Paulus oder Jesaja oder der Seher auf Patmos … Aber Sie waren dabei, denn Sie treten ja als Botschafterin oder Botschafter auf, wenn Sie die Lesung vortragen. Sie können sich also Fragen stellen wie: Wie sah Jesus (Paulus, Jesaja …) aus, als er das sagte? Sprach er laut oder eher leise? Wer war eigentlich dabei, die Jünger, die Frauen …? Wie viele Leute waren dabei? War das morgens, mittags, abends …? Wie war die Temperatur? Welche Jahreszeit? Der Fantasie sind keine Grenzen gesetzt (hat Jesus nach Knoblauch gerochen?). Die inneren Bilder werden nicht kommuniziert, aber sie geben dem Sprechen Fülle und Farbe.

Manche Lesungen sind alte Bekannte für die Lesenden und die Hörenden. Wenn es stimmt, dass Gott auch heute noch durch diese Worte spricht, sind sie dennoch neu. Lesen Sie sie mit Staunen, als vernähmen Sie die Botschaft zum ersten Mal. Und lesen Sie sie so, dass jede und jeder spürt, das ist etwas, dass ich unbedingt hören muss.

Für das „Gebet der Gläubigen“ Worte finden

Das „Gebet der Gläubigen“ sind die Fürbitten. „Worte finden“ heißt, etwas formulieren. „Irgendwer“ muss Fürbitten schreiben oder sie wenigstens aus Büchern oder aus dem Internet herausziehen. „Irgendwer“ ist dabei meist die Person, die der Eucharistiefeier oder der Wort-Gottes-Feier vorsteht und die Gebetseinladung und den Schluss spricht. Die Gebetsanliegen lesen oder sprechen (beten?) meist die Lektorinnen und Lektoren mit Blick zum Volk. Dieses stimmt routiniert mit einem Ruf wie etwa „wir bitten dich, erhöre uns“ ein. Ein eingespieltes Ritual. Was sollte daran frag-würdig sein?

Das gläubige Volk erhebt abgesehen von freien Gottesdiensten selten mit eigenen Worten die Stimme. Die rufartigen Antworten (die sogenannten Akklamationen) sind vorgegeben, das Amen am Ende von Gebeten zum Beispiel, oder sie werden vorgesprochen oder vorgesungen als Kehrvers. Das „Gebet der Gläubigen“ ist hingegen in der Eucharistie- wie in der Wort-Gottes-Feier ein Element, das mit eigenen Worten von den Gläubigen selbst formuliert werden kann und auch sollte. In Feiern mit wenigen Menschen geschieht das zuweilen in freier, persönlicher Form. Mit mehr Personen braucht es Vertreter des Volkes, die für die Anliegen der Gläubigen Worte finden. Selbstverständlich können das die Lektorinnen und Lektoren sein, die die Fürbitten selbst formulieren und im Gebet die Anliegen vor Gott tragen. Wo ein Fürbittbuch in der Kirche ausliegt, können sie daraus wählen. Bei Feiern im Lebenslauf wie z. B. einer Trauung formulieren zuweilen Freundinnen und Freunde die Fürbitten. Jede und jeder ist dazu durch die Taufe ermächtigt. In den Fürbitten lebt das gemeinsame Taufpriestertum aller Gläubigen. Das Gebet der Gläubigen darf man tatsächlich den Gläubigen anvertrauen. Was sollte daran fragwürdig sein?

Vielleicht zweifelt jemand, dass die Frauen, Männer und Kinder des Gottesvolks die „richtigen" Worte finden. Sie sind es ja nicht gewohnt … Die Vorstehenden stimmen die Fürbitten manchmal mit den Lesungen oder mit der Predigt ab. Beides ist schön und auch nicht sinnlos, aber Volkes Stimme ist es nicht. Und genau die wäre hier gefragt. Wie geht das also: für das Gebet der Gläubigen Worte finden?

Das Gottesvolk ist (hoffentlich) bunt, die Gebetsanliegen werden dementsprechend vielfältig sein. Das lässt sich nicht alles ins Wort bringen!? Stimmt, wenn eine Person alles laut vorbeten soll. Wenn jede und jeder Gläubige die Anliegen mit seinen eigenen Worten still ergänzt, geht es durchaus. Dazu ist ein kurzer stiller Moment nach der Nennung des Anliegens unumgänglich. Es gibt drei einfache Grundformen:

- Personengruppen: (Lasst uns beten) für die Politikerinnen und Politiker – Stille: Jede und jeder trägt die Personen im Gebet vor Gott, für die sie oder er göttlichen Beistand erbitten möchte – gemeinsamer Ruf: „Wir bitten dich, erhöre uns" oder ähnlich. Es folgen weitere Personengruppen.
- Grundbedürfnisse aller Menschen: (Lasst uns beten) um Frieden – Stille: Jede und jeder ergänzt z. B. ein Kriegsgebiet, eine gesellschaftliche oder kirchliche Lage, Verwerfungen im persönlichen Lebensumfeld – „Christus höre uns." – (gemeinsam:) „Christus erhöre uns." Es folgen weitere menschliche Grundbedürfnisse: Nahrung, Arbeit, Gesundheit …
- Verbindung von Personengruppen und zentralen Bedürfnissen: (Wir bitten dich) für alle Hungernden um Nahrung – Stille mit Einfügen von Hungergebieten oder Hunger im übertragenen Sinn – „Guter Gott" – (gemeinsam:) „Nimm an unser Gebet" oder ähnlich.

In der Stille nach dem Anliegen wird das Gebet der Gläubigen dicht, vielfältig, stark und lebensnah. Die Mitfeiernden müssen einfach wissen, dass sie an dieser Stelle zum Gebet gerufen, berufen und ermächtigt sind. Das kann auch einmal Thema einer Predigt oder eines geistlichen Impulses sein.

Leiten und vorstehen

Leitung ist ein Ordnungsdienst, leiten eine Tätigkeit. Leitung ist ein Charisma, leiten das Entfalten der Gabe. Leitung ist eine Position, leiten eine Herausforderung. Wie breit das Bedeutungsspektrum von leiten ist, zeigen die vielen Synonyme: führen, lenken, dirigieren, steuern, bewegen, gebieten, herrschen, befehlen, verwalten, beaufsichtigen, kommandieren, überwachen, vorstehen und weitere. Assoziationen schwingen mit. Gute Führung. Schlechte Führung. Lenkrad. Befehlsgewalt. Ohne Leitung geht's nicht, und mit ist auch nicht alles einfach. Leitungsfragen machen auch vor dem Gottesdienst nicht halt. Was heißt vorstehen und leiten in der Wort-Gottes-Feier?

Der Vorsteher- oder Leitungsdienst in Wort-Gottes-Feiern wurzelt grundlegend in der Taufe und der Firmung. Die Zuständigkeit für die liturgischen Feiern eines Bistums, also auch für die Wort-Gottes-Feier liegt beim Bischof. Daraus resultieren unterschiedliche Regelungen in den Diözesen des deutschen Sprachgebiets. Das deutsch-österreichische Feierbuch nennt die Rolle „Leiter" oder „Leiterin". Sie wird wahrgenommen von Diakonen einerseits und sogenannten Gottesdienstbeauftragten andererseits. Gottesdienstbeauftrage sind Frauen und Männer mit einer qualifizierten Ausbildung für diesen Dienst ohne ein Theologiestudium. Im Schweizer Feierbuch spricht man von „Vorsteherin" oder „Vorsteher". Das kann ein Diakon sein oder eine mit der Seelsorge betraute Laientheologin oder ein Laientheologe mit Missio canonica (seit Kurzem in der Deutschschweiz meist als „Seelsorgerin" oder „Seelsorger" bezeichnet). Wenn keine solche Person zur Verfügung steht, kann eine Person oder eine Gruppe mit der Leitung beauftragt werden, was einen Ausbildungskurs voraussetzt. Eine Bezeichnung für diese Personengruppe gibt es in der Deutschschweiz derzeit nicht. Weil für den Leitungsdienst in den beiden Feierbüchern zwei Bezeichnungen verwendet werden, benutzt diese Einführung beide.

Die Leitungsaufgaben sind in beiden Büchern annähernd gleich: Eröffnung, Leitung von Gebeten, Verkündigung des Evangeliums, gegebenenfalls Predigt oder Glaubenszeugnis, Zeichenhandlungen und Abschluss der Feier. Bei gemeinsamer Leitung durch zwei Personen braucht es eine sachgemäße Aufteilung. Leitung erweist sich als Ordnungsdienst, der Handlungssicherheit bietet: das Setzen von Anfang und Ende der Feier, die Einladung zum Gebet und der Gebetsschluss, Einführung und Anleitung von Zeichenhandlungen und anderes. Wo Mitwirkende unsicher sind, unterstützen Vorstehende vor der Feier oder helfen mit Blicken oder kleinen Zeichen während der Feier. Die Vorstehenden sind für die Feiernden ein Gegenüber, insofern sie sie ansprechen, sie zu eigenem liturgischen Handeln animieren, indem sie z. B. das Signalwort zum „Amen" des Volkes geben, ihnen das Wort der Schrift deuten, oder zu Zeichenhandlungen einladen. Durch diese Tätigkeiten sammeln sie die Gläubigen als Gemeinschaft vor Gott.

Es handelt sich also nicht um eine mit der Weihe verliehene hierarchische Leitungsvollmacht, sondern einen Leitungsdienst, der Orientierung gibt. Um das zu gewährleisten, müssen die Leitenden jedoch vorstehen. Sie müssen eine Position beziehen. Konkret heißt das: Vorstehende müssen für die ganze Versammlung sichtbar sein, was einen entsprechenden Sitzplatz erfordert. Ein Platz in der ersten Bankreihe leistet das nicht. Der Vorstehersitz muss aber auch nicht identisch sein mit dem Sitzplatz, den der Priester in der Eucharistiefeier einnimmt. Es lohnt sich, im eigenen Kirchenraum nach der geeigneten Position für die Leitung einer Wort-Gottes-Feier zu suchen und das zu erproben, was unweigerlich auch zur Frage nach einem Mikrofon führt.

Jedes dirigistische Verhalten droht das liturgische Zusammenspiel zwischen den Feiernden, Vorstehenden und anderen Mitwirkenden zu zerstören. Mehr noch: Alle stehen vor Gott, Jesus Christus ist in ihrer Mitte. Wer vorsteht, darf diese Mitte nicht selber besetzen, muss vielmehr den Raum dafür bereiten. Das ist eine Herausforderung, zu der jede Ausbildung etwas beiträgt, die letztlich aber eine geistliche Aufgabe darstellt, die im

Offensein für die Gaben Gottes für diese Frau oder diesen Mann oder diese Leitungsgruppe besteht. Der liturgische Leitungsdienst lebt von den Charismen, die Gott den Christinnen und Christen an einem Ort schenkt. Vorzustehen ohne dem geistlichen Geschehen im Weg zu stehen, vielmehr zu leiten im Empfangen von Gottes Gaben, ist ein Geschenk – nicht nur für die betreffende Person, sondern für alle, die mitfeiern.

Liturgische Dienste

„Die Versammelten bilden eine Gemeinschaft, wenn sie Gottes Wort hören und mit Gebet, Gesang und rituellen Handlungen darauf antworten. Wer eine Rolle in der Feier übernimmt, unterstützt die ganze Versammlung in der Begegnung mit Gott." So lauten die ersten beiden Sätze unter der Überschrift „Aufgaben und liturgische Dienste" in der Pastoralen Einführung in das Schweizer Feierbuch (Nr. 44). Vor aller Unterscheidung von Rollen und Diensten steht die liturgische Versammlung als Gemeinschaft im Hören des Wortes und im Antworten auf seine Botschaft. Als Getaufte sind die anwesenden Frauen, Männer und Kinder zusammengerufen zur Kirche. Durch die Taufe bilden sie die Glieder am einen Leib Christi und das christliche Volk: „ein auserwähltes Geschlecht, eine königliche Priesterschaft, ein heiliger Stamm, ein Volk, das sein besonderes Eigentum wurde" (1 Petr 2,9). Kraft der Taufe haben sie „das Recht und die Pflicht" (SC Nr. 14 nach der Übersetzung in Herders Theologischem Kommentar zum Zweiten Vatikanischen Konzil) zur vollen, bewussten und tätigen Teilnahme an den liturgischen Feiern. Ohne die Teilhabe an Christus und die Gliedschaft an seinem Leib wären die Berechtigung und Verpflichtung ortlos. So aber müssen sie gefüllt werden mit dem, wozu sie als Einzelne begabt und beschenkt sind, mit ihren Charismen. Charismen sind so etwas wie getaufte Kompetenzen, die in den Dienst der Gemeinschaft gestellt werden.

Wer also in der Wort-Gottes-Feier eine Rolle übernimmt, unterstützt mit seinen besonderen Gaben die ganze Versammlung in der Begegnung mit Gott. Das gilt für die Vorsteherin und den Vorsteher ebenso wie für jene, die die Kirche reinigen und mit Blumen schmücken. Die Allgemeine Einführung in das Römische Messbuch konkretisiert das für den Chor: „Unter den Gläubigen übt der Sängerchor (Schola, Chor) einen eigenen liturgischen Dienst aus: Er hat die ihm zukommenden Teile je nach den verschiedenen Arten der Gesänge vorzutragen und *die im Singen bestehende tätige Teilnahme der Gläubigen zu fördern*. Was vom Sängerchor gesagt wurde, gilt entsprechend für alle anderen, die musikalisch mitwirken, besonders für den Organisten." (Nr. 63, kursiv GB) Und es gilt auch für alle anderen Dienste: Sie dienen dem größeren Ganzen – und nicht der persönlichen Profilierung, die menschlich ist, am Charisma aber vorbeigeht.

Die Orientierung am Charisma der Gläubigen und damit am Aufbau der Kirche scheint nicht überall im Blick zu sein. Charismenorientierung wirkt vielfach als Fremdwort. Die Frage, wer einen liturgischen Dienst übernehmen kann, entscheidet sich manchmal daran, wer dazu bereit ist. Dann gilt es, verborgene Gaben zu entdecken, sie zu fördern oder auch zu handeln, wenn jemand an der Aufgabe scheitert und sich durch die Ausübung liturgischer Rollen kein gemeinsames geistliches Wachstum einstellt. Es ist unüblich, so zu sprechen. Dennoch erscheint es mir notwendig. Positiv gewendet: Welche Charismen braucht es für die liturgischen Dienste in der Wort-Gottes-Feier?

Lektorinnen und Lektoren tragen Lesungen vor, öffnen durch die Prozession mit dem Lektionar den Raum für das Hören des gegenwärtigen Herrn, sie sprechen die Gebetsanliegen bei den Fürbitten und gegebenenfalls auch Strophen des Lobpreises. Ihre Charismen sind z. B. die Liebe zur Heiligen Schrift, die Durchlässigkeit für Gott/für Christus, der zu den Hörenden spricht, die Gabe des öffentlichen Gebets.

Kantorinnen und Kantoren (Chor, Schola etc.) singen Kehrverse und Akklamationen und stimmen Lieder an. Ihr gesangliches Können wird zum Charisma, wenn ihre Freude die Feiernden in die Gegenwart Christi führt, ihre gläubige Zustimmung ermutigt oder sie im Lob Gottes über sich hinausführt.

Wenn eine Wort-Gottes-Feier vom Kirchenchor mitgestaltet wird, kommen z. B. Motetten und Kantaten in Frage. Ein Gospelchor wird mit passend ausgewählten Spirituals der Freude und Hoffnung der Feiernden Ausdruck verleihen. Inzwischen stehen außerdem erste Kompositionen zur Verfügung, die vom Kirchenmusikreferat der Diözese Linz herausgegeben und explizit für die Wort-Gottes-Feier geschaffen wurden. Die Sängerinnen und Sänger haben als Personen selbstverständlich unterschiedliche Charismen. Eines ist ihnen gemeinsam: im Singen Gemeinschaft vor Gott werden und andere in diese Gemeinschaft aufnehmen, sei es im Mitsingen oder im Hören.

Ministrantinnen und Ministranten begleiten den Ein- und Auszug, die Prozession mit dem Lektionar, legen Weihrauch ein, halten das liturgische Buch und vieles mehr. Zu ihren Charismen gehört es, in den einfachen Dingen Raum zu lassen für das Wirken Gottes. Da sie oft im Blickfeld stehen, gehört auch die „geistliche Kongruenz" dazu, also das zu tun, was alle gerade tun: hören, beten.

Die Albe

Welches Gewand steht allen Christinnen und Christen? Wer trägt es? Was zeigt es, was verbirgt es? Welcher Mode folgt es? Geht es nicht auch ohne? Also, was ziehe ich als Vorsteherin oder Leiter einer Wort-Gottes-Feier an?

Die beiden liturgischen Bücher antworten kurz. „Der Leiter/Die Leiterin", so das deutsch-österreichische Feierbuch, „trägt bei der Ausübung seines/ihres Dienstes – wie die übrigen liturgischen Dienste – die vorgesehene liturgische Kleidung, gegebenenfalls eine andere diesem Dienst angemessene Kleidung." (DE S. 22) Was „vorgesehen" und „angemessen" ist, bleibt offen. Das Schweizer Feierbuch bestimmt: „Vorsteherinnen und Vorsteher tragen eine Mantelalbe oder Tunika. Der Diakon trägt die Albe mit Stola. Auch Lektorinnen und Lektoren können aufgrund ihres Dienstes in der Wort-Gottes-Feier eine Mantelalbe tragen." (Nr. 62) Mantelalbe, Tunika und Albe (*albus* lat.: weiß) bezeichnen dasselbe T-förmige weiße Grundgewand. Es ist enger oder weiter geschnitten, mit einem Reißverschluss oder Knöpfen zu schließen oder über den Kopf zu ziehen. Mantelalbe und Tunika trägt man ohne Gürtel, Ministrantenalben gürtet man meist mit einem (farbigen) Strick, dem sogenannten Zingulum, ebenso wie die Albe, die Priester unter dem Messgewand und Diakone unter der Dalmatik (einem Übergewand mit weiten Ärmeln) tragen.

Wer trägt sie noch? Die Neugetauften – Säuglinge, Kinder, Erwachsene, wenn immer es möglich ist. In der Feier der Kindertaufe spricht der Zelebrant vor der Bekleidung mit dem weißen Taufgewand: „(Name des Kindes), in der Taufe bist du eine neue Schöpfung geworden und hast – wie die Schrift sagt – Christus angezogen. Das weiße Gewand sei dir ein Zeichen für diese Würde. Bewahre sie für das ewige Leben." (Feier der Kindertaufe Nr. 66) Dann wird das Kind mit dem weißen Gewand bekleidet. Das deutende Wort nimmt Bezug auf paulinische Tauftheologie: Die Getauften sind neue Schöpfung (vgl. Röm 6,4; 2 Kor 5,17) und wurden mit Christus wie mit einem Gewand bekleidet (vgl. Gal 3,27). Ihre Würde als Christinnen und Christen gründet in der Taufe. Das Taufgewand kleidet sie alle prächtig! In den ersten Jahrhunderten gab es den Brauch, die weißen Taufgewänder, also die Alben, eine ganze Woche lang zu tragen, bis zum Weißen Sonntag nämlich, an dem sie wieder abgelegt wurden. Wenn Ministrantinnen und Ministranten, Priester, Diakone, die Leiterinnen und Vorsteher von Wort-Gottes-Feiern eine Albe tragen, haben sie einmal mehr ihr Taufgewand angezogen. Sie stellen als Getaufte etwas dar. Aber sie stellen nicht sich selbst dar, sondern Christus, den sie in der Taufe angezogen haben. Alle Gläubigen könnten eine Albe tragen. Üblich sind weiße Sonn- und Festtagsgewänder heute jedoch nur bei den äthiopischen Christinnen und Christen.

Wenn nicht alle eine Albe tragen (können), wäre es dann nicht konsequenter, ganz auf liturgische Gewänder zu verzichten? Können nicht alle zusammen dem Sonn- und Festtag angemessene Kleidung auswählen? In einfachen Wortgottesdiensten unter der Woche oder in Feiern mit Gruppen geht das ja auch und in einigen evangelischen Gemeinden. Auch wenn man einen solchen Verzicht an symbolisch vermittelter Taufwürde in Kauf nehmen mag, bleiben menschliche Grunderfahrungen mit Kleidung zu beachten: Was ich außen auf der Haut trage, wirkt sich nach innen aus. Ein Festgewand erhebt, der Alltag kann Alltag sein und bleiben, jetzt zählt etwas anderes. Mit einem langen fließenden Gewand bewegen sich Menschen in der Regel anders: langsamer, gesammelter, aufrechter. Als hätten sie etwas abgelegt, was drückt oder stören könnte. Damit sich diese Wirkung einstellen kann, muss das liturgische Gewand innerlich bejaht werden. Sonst ist es nur eine Verkleidung, und die gehört nicht in die Liturgie. Außerdem muss die Albe passen – nicht nur in der Größe, sondern auch im Schnitt, der für Frauen und Männer unterschiedlich ist. Und dann wären da noch die Schuhe: Sie sollten einfach sein und im Stehen und Schreiten Halt geben. Turnschuhe zur Albe bringen liturgisch nicht unbedingt in Form.

Der Ambo und der Ort des Buches

Orte sind nicht gleichgültig. Ich kann mich in der Fußgängerzone mit jemandem treffen, im Fitnessstudio, in meinem Lieblingscafé oder in der freien Natur. Die Wahl des Ortes verrät bereits etwas über die Art des Treffens, deutet an, was dort vermutlich geschehen wird. Kontrasterfahrungen können reizvoll sein – ein Literaturtreff im Fitnessstudio … –, aber das lebt ja gerade davon, dass alle eine bestimmte Vorstellung von einem Fitnessstudio haben. Gleich-gültig sind die Orte im Kirchenraum ebenso wenig. Dass man im Beichtstuhl nicht Messe feiert, ist evident. Was geschieht am Ambo und was gehört nicht dorthin? In welche Richtung beten wir? Welchen Einfluss hat das Mikrofon? Und warum braucht es zusätzlich zum Ambo noch einen „Ort des Buches"?

Der Ambo ist der Ort der Verkündigung: der Lesungen, des Antwortpsalms, des Evangeliums und der Predigt, des Exsultets in der Osternacht – mehr nicht. Wer am Ambo steht, blickt in die Gesichter der Feiernden. Das passt für die biblische Verkündigung an die Gläubigen. Das Mikrofon am Ambo unterstützt die menschlichen Stimmorgane, was in vielen Räumen sinnvoll ist, damit die Botschaft akustisch ankommt. Damit fängt das Problem an. Vielen ist nicht bewusst, dass die Schriftverkündigung an nur einen und genau diesen einen Ort im Kirchenraum gebunden ist, den Ambo. Faktisch wurde er dank der Ausstattung mit einem Mikrofon zu einem Multifunktionsort. Der liturgische Gruß oder einführende Worte sind zuweilen von dort zu hören oder die Fürbitten, die Ansage der Kollekte, die Mitteilungen an die Gemeinde, der Schlusssegen. Unschuldig dem Mikrofon geschuldet. Dabei ginge es heute auch anders: ein Standmikrofon am Ort der Leitung oder ein Head-set, damit die

Leitung die Mitfeiernden direkt und akustisch vernehmbar ansprechen kann.

Die Fürbitten wenden sich dagegen als Gebet an Gott. Alle richten sich gemeinsam auf ihn aus, jene, die die Fürbittanliegen sprechen und jene, die sie durch ihr stilles Mitbeten füllen und sie mit dem gemeinsamen Gebetsruf vor Gott tragen. Für diese Ausrichtung gibt es im Raum symbolische Bezugspunkte: der Blick nach oben oder der nach Osten, der seit den ersten christlichen Jahrhunderten als Ort der Wiederkunft Christi gilt. Der Ambo ist also weder für die Fürbitten noch für andere Gebete geeignet. Nichtsdestotrotz werden sie in aller Regel zum gläubigen Volk hin gebetet (oder nur gesprochen?). Es gibt keine Tradition dafür, sie aus der Mitte des Volkes heraus zu beten; kein Wunder, die technischen Hilfsmittel sind geschichtlich betrachtet jung. Ein tragbares Mikrofon, mit dessen Hilfe aus dem Volk heraus die Fürbitten als gemeinsames Gebet aller vor Gott gebracht werden, hilft, alle Versammelten auf Gott hin auszurichten. Für die Gebete der Leiterin oder des Vorstehers sehe ich dagegen noch keine überzeugende Lösung: Mit dem Volk in derselben Gebetsrichtung zu stehen, wirkt so, als würde die Leitung den Gläubigen den Rücken zukehren. Das löst Assoziationen an klerikal-ausschließendes Verhalten aus.

Orte und die damit verbundene Ausrichtung im Raum sind also nicht gleichgültig. Sie machen etwas mit den Menschen. Orte sind auch nicht gleich-wertig. Schon im persönlichen Wohnraum lässt sich das beobachten, wenn z. B. der Blick auf einen Gegenstand im Regal fällt, der mit einer besonderen Erinnerung verknüpft ist. Der langjährige Gebrauch eines bequemen Sessels verleiht einen Wert, der über alles Materielle hinausgeht. In den Altar sind in der Regel Reliquien, also „heilige Erinnerungsstücke“ eingelassen. Mit der Weihe und den zahllosen Eucharistiefeiern, in denen er als Tisch dient, ist er mehr als nur ein Steinblock, er wird zum Christussymbol. Gläubige verneigen sich vor dem Altar, aber nicht vor dem Ambo. Die Wertigkeit und die Würde des Ambos als Ort der Verkündigung ist viel schwerer wahrzunehmen, zumal die ästhetische Gestaltung oft hinter der des Altars zurückbleibt. Und er ist durch den faktischen Gebrauch als Multifunktionsort nicht eindeutig als Ort der Wortverkündigung zu erkennen.

Braucht es aus diesem Grund für die Wort-Gottes-Feier einen eigenen Ort des Buches, der dem biblischen Wort Gewicht verleiht? Nein. Der Verkündigungsort ist und bleibt der Ambo. Deshalb kann der Altar nicht Ort des Buches sein (ausgenommen in sehr kleinen Kapellen). Wenn im Schweizer Feierbuch vom Ort des Buches gesprochen wird, kommt eine andere Funktion ins Spiel. Von einem Ort kann ich zu einem anderen gehen. Der Weg schafft Aufmerksamkeit. Eine Prozession mit dem Lektionar um den Ambo herum wäre fast wie das Drehen um die eigene Achse. Es braucht also einen zweiten Ort. Das ist der Ort des Buches: ein gut sichtbar aufgestelltes und mit einem Tuch oder Blumen geschmücktes Pult oder ein ästhetisch ansprechendes Tischchen, das zum Ausgangs- und Zielpunkt eines Weges werden kann. Mehr nicht, und in dieser Funktion doch unentbehrlich für die Prozession mit dem Lektionar.

IN DIE GEGENWART GOTTES TRETEN – ERÖFFNUNG

Ankommen, einziehen und vor Gott treten

Schon vor den ersten Worten eines Gottesdienstes passiert sehr viel: beim Betreten der Kirche für die Gläubigen, für den Sakristan zwischen Kirchenraum und Sakristei, für die Leitung und die liturgischen Dienste vorher in der Sakristei und danach beim Einzug.

Was „vorher“ geschieht, beeinflusst die Akteure und die Gläubigen. Deshalb ist es würdig und recht, mit dem Ankommen anzufangen. Es beginnt vor der Kirchentür. Vielleicht auf dem Vorplatz, wo einige miteinander reden. Im Zugehen auf die Tür, die mir aufgehalten wird, sich elektronisch öffnet oder die ich selber öffnen muss. Wie sieht der Eingangsbereich aus: hell oder dunkel, aufgeräumt oder vollgestellt? Gibt es Menschen, die Eintretende begrüßen? Einhalten am Weihwasserbecken: ein Kreuzzeichen mit Wasser über den Körper schlagen im Namen des Vaters und des Sohnes und des Heiligen Geistes. Wie wirkt der Raum, wenn ich jetzt näherkomme? Sehe ich etwas, das mich freut? Wie riecht es? Ist die Temperatur angenehm? Wer ist schon da und wo setze ich mich hin? Kniebeuge vor dem Allerheiligsten und/oder Verneigung vor dem Altar. Jesus ist schon da. Er hat mich wahrscheinlich beim Reinkommen gesehen. Gott ist gegenwärtig. Bin ich schon da? Spülen meine Gedanken noch den Alltag mit seinen tausend Kleinigkeiten in mein Bewusstsein? Beschäftigt meine Augen, was vorne im Altarraum womöglich noch an Vorbereitungen läuft? Gott ist gegenwärtig. Ich sehe ihn nicht, höre ihn nicht, kann ihn nicht berühren. Und dennoch.

Anders ist das Ankommen in der Sakristei. Vielleicht haben die Ministrantinnen und Ministranten den Weg durch die Kirche gewählt. Die Vorsteherin oder der Leiter wird noch ohne liturgisches Gewand im Kirchenraum nach dem Rechten gesehen haben. Vielleicht liegt die Predigt schon am Sitzplatz oder im Fach unter dem Ambo. Der Sakristan oder die Sakristanin entzündet die Kerzen. Vielleicht sind noch Absprachen in der Sakristei nötig. Hoffentlich nicht allzu viele. Die Alben für die Ministrantinnen und Ministranten wie für die Leitung liegen bereit. Würdig ist das Gewand auch für die Lektorin oder den Lektor, doch vielen behagt es (noch?) nicht. Das Anlegen der Albe markiert insbesondere für Erwachsene einen Wechsel. Ich bin ich selbst in der Albe und zugleich übernehme ich eine Rolle, ich bin festlich gekleidet in schlichtem Weiß. Die Vorbereitung ist abgeschlossen. Runterfahren. Still werden zusammen mit allen, die in der Sakristei sind. Fünf Minuten sind ein gutes Zeitmaß. Sich aufstellen: die Ministrantinnen und Ministranten mit Leuchtern als erste, dann die Lektorin oder der Lektor mit dem geschlossenen Lektionar, zuletzt die Vorsteherin oder der Leiter. Ein kurzes Gebet.

Die Sakristeiglocke erklingt. Die Orgel setzt ein. Der Gruppe zieht los, Christus dem Herrn entgegen. Denn ihr Gehen oder Schreiten hat eine Richtung, ein Ziel. Sie irren nicht orientierungslos durch den Kirchenraum. Zusammen mit den Gläubigen in den Bänken sind sie von Christus zusammengerufen. Sie gehen im Namen des Herrn. Wenn es ein Lied zur Eröffnung gibt, deutet es den Beginn der Feier: das Zusammenkommen als Kirche, die Situation am Morgen oder Abend oder dem Kirchenjahr entsprechend. Vorne angekommen legt die Lektorin oder der Lektor, begleitet von den Leuchtern, das Lektionar am Ort des Buches (oder zur Not: auf dem Altar) nieder. Die Leuchter werden daneben platziert. Alle verneigen sich vor dem Altar und dem Buch, nein: vor Christus. Sie gehen zu ihren Sitzplätzen. Der Leitungsdienst steht jetzt dem Volk zugewandt. Die ersten 30 Sekunden entscheiden. So lernt man es jedenfalls, wenn's um Auftrittskompetenz geht. Ein Bild vom Anderen entsteht oft schneller, als es den Beteiligten bewusst ist. Gesehenes erfasst das menschliche Gehirn einfach schneller als Gehörtes. Die Einziehenden sind vor Gott getreten. Wie stehen sie jetzt da? Wie wirken sie? Welche Botschaft vermitteln sie noch vor dem ersten Wort?

„Im Namen des Vaters und des Sohnes und des Heiligen Geistes"

Gottesdienst beginnt nicht in meinem Namen oder deinem oder unserem. Alle, die da sind, haben den einladenden Ruf Gottes gehört. In seinem Namen versammeln sie sich. Die ersten Worte bringen das auf den Punkt. Deshalb lauten sie auch nicht „Guten Morgen" oder „Wir beginnen unseren Gottesdienst im Namen des Vaters ...". Einen guten Morgen wünscht die Leiterin oder der Vorsteher, Gott eher nicht oder wenn, dann bereits beim Aufwachen am Morgen. „Wir beginnen ..." beschreibt das Handeln der Feiernden, aber ist das nötig? Vor allem ist es dürftig, wenn man es vergleicht mit den dann folgenden Worten, die tief aus der biblischen Quelle und der biografischen Wirklichkeit jeder und jedes einzelnen Gläubigen schöpfen.

Am Ende des Matthäusevangeliums spricht der Auferstandene auf einem Berg mit den Jüngern und sendet sie mit den Worten: „Gehend nun, macht zu Schülern alle Völker, taufend sie auf den Namen des Vaters und des Sohnes und des heiligen Geistes, lehrend sie, alles zu bewahren, wieviel ich euch geboten habe; und siehe, ich bin mit euch alle Tage bis zur Vollendung des Aion" (Mt 28,19–20 in der wörtlicheren Übersetzung des Münchener Neuen Testaments). Der Auftrag lautet: Macht alle Völker zu Schülern und Schülerinnen oder in vertrauter Übersetzung: zu Jüngern und Jüngerinnen. Die Gesendeten machen Menschen zu Schülerinnen und Schülern, indem sie erstens taufen und zweitens lehren. Der Inhalt der Lehre hängt an der Person Jesu, seiner Lehre und seinem Tun. Matthäus zeigt Jesus immer wieder als Lehrenden, in den großen Reden wie der Bergpredigt, im Gespräch mit den Jüngern oder mit anderen Frauen und Männern. „Einer ist euer Lehrer: Christus" (Mt

23,10), das hält Jesus in einem Streitgespräch den Pharisäern entgegen. Die Jünger haben sich ihren Lehrer nicht ausgesucht, sie wurden von ihm be- oder gerufen und haben sich für ihn entschieden. Auf dem Berg setzt der Auferstandene nun seine Schüler dazu ein, andere zu Schülerinnen und Schülern zu machen, indem sie taufen, jedoch nicht als eigenmächtiges Tun, sondern auf den Namen des Vaters und des Sohnes und des Heiligen Geistes hin, und selber lehren. Der Name steht für die Person selbst, den Namen Gottes anrufen heißt also: Gott anrufen. Menschen auf den Namen des Vaters und des Sohnes und des Heiligen Geistes zu taufen, verbindet sie zutiefst in ihrer ganzen Existenz mit der Wirklichkeit der drei göttlichen Personen. Als Getaufte sind auch sie be- oder gerufen. Sie treten ein in die Schule des Herrn. Sie lernen das Leben in der Nachfolge Jesu. Es ist ein lebenslanger Lernweg und Wachstumsprozess zusammen mit anderen Christinnen und Christen, der unter der Zusage von Jesu Mit-sein steht, von Generation zu Generation bis zum Ende der Zeiten: Ich bin bei euch alle Tage.

Was heißt das nun für die ersten Worte einer Wort-Gottes-Feier? Sie sind eine kleine Erinnerung an die Taufe. Die knappe Formel verbunden mit dem Kreuzzeichen vergewissert 1. jede und jeden Getauften der realen, existentiellen Verbundenheit mit dem dreifaltigen Gott, 2. der Verbundenheit untereinander als Getaufte, 3. der bleibenden Gegenwart des Auferstandenen auch jetzt in dieser Feier, 4. des Be- und Gerufenseins als Schülerinnen und Schüler oder Jüngerinnen und Jünger. Als Vergewisserung setzt die Formel jedoch voraus, dass es etwas gibt, dessen sich die Feiernden vergewissern können, sprich: das Bewusstsein ihrer Taufe und ihres Lernwegs als Christinnen und Christen in der Schule des Herrn. Das ist keineswegs selbstverständlich. Die Gründe für diesen Mangel sind vielfältig. Fakt ist, dass nicht alle Christinnen und Christen einen persönlichen Zugang zu einer Lebensgemeinschaft mit Jesus gefunden haben, dass sie die Lern- und Wachstumswege im Glauben nicht gut kennen, was ihnen keineswegs vorzuwerfen ist. Die Wort-Gottes-Feier mit den Worten „Im Namen des Vaters …“ zu beginnen, legt nahe, den nächsten Schritt nach der Taufe zu gehen, also zu lehren und zu lernen. Da Glauben ein Beziehungsgeschehen ist, geht es in der Nachfolge Christi um Beziehungslernen. Die Wort-Gottes-Feier öffnet wie alle anderen Gottesdienste dafür den Raum.

Mit uns – und mit deinem Geiste?

Die Grußformel der Eucharistiefeier verweigert sich der Wort-Gottes-Feier. „Der Herr sei mit euch." – „Und mit deinem Geiste", das kommt in den beiden Feierbüchern nicht vor, es sei denn, ein Diakon steht vor. Für alle anderen gilt, dass sie sich mit den Versammelten im gemeinsamen „uns" zusammenschließen, was im Übrigen auch der eine oder andere Priester vorzieht. Das stört den gegenseitigen Gruß: Zum „mit uns" passt weder die liturgische Antwort „und mit deinem Geiste" noch das an die Alltagssprache angelehnte „und mit dir". Wenn Vorstehende und Mitfeiernde einer Wort-Gottes-Feier dennoch dem vertrauten Sprachspiel der Eucharistiefeier folgen möchten, stehen sie vor einem Dilemma. Was tun?

Ein vor Jahrzehnten in der früheren DDR entstandenes Buch für Wort-Gottes-Feiern löst die Schwierigkeit durch ein einfaches Amen: „Im Namen des Vaters und des Sohnes und des Heiligen Geistes. Amen. Die Gnade unseres Herrn Jesus Christus, die Liebe Gottes des Vaters und die Gemeinschaft des Heiligen Geistes sei mit uns allen." Und alle antworten: „Amen."

Einen anderen Weg gehen die beiden geltenden Feierbücher mit alternativen, einfachen Grußformeln wie z. B. „Jesus Christus ist unserer Mitte und schenkt seinen Frieden." – „Amen." (DE S. 46, CH S. 31) Die Feiernden müssen also von Beginn an realisieren, das in der Wort-Gottes-Feier einiges anders ist als in der Eucharistiefeier und entsprechend mit einem Amen antworten. Ist das eine Zumutung oder nur eine Frage der Einübung? Da Gesang das gemeinsame Tun trägt, wäre es denkbar, diesen Gruß zu singen, z. B. nach dem Modell des Lichtrufs bei der Feier einer Lichtdanksagung (vgl. DE S. 191, CH S. 105). Als Antwort passt sowohl das schlichte Amen wie auch die beim Lichtruf angegebene und aus der Osternacht vertraute Formel: „Dank sei Gott."

Auch biblische Grußformeln wie „Gnade und Friede von dem, der ist und der war und der kommen wird“ (vgl. Offb 1,4a) ließen sich mit Amen oder „Dank sei Gott“ beantworten. Der gesungene Gruß ist feierlicher und stellt auch darum eine Alternative dar, die zu erproben sich lohnen könnte.

Eine andere zuweilen vertretene Option ist die Verwendung des liturgischen Grußes in derselben Form wie in der Eucharistiefeier. Dass sich die offiziellen Bücher für Wort-Gottes-Feiern dagegen entschieden haben, dürfte daran liegen, dass die Worte „und mit deinem Geiste“ seit dem 4. Jahrhundert auf das Amtscharisma bezogen wurden, das mit der Weihe verliehen wird. Folgt man dieser in der Tradition fest verwurzelten Interpretation, kann diese Antwort selbstverständlich nicht in der Wort-Gottes-Feier verwendet werden. Die theologische Deutung des wechselseitigen Grußes in der Allgemeinen Einführung in das Römische Messbuch (1975) spricht allerdings nicht gegen die Verwendung in der Wort-Gottes-Feier, im Gegenteil: „Nach dem Gesang zum Einzug macht der Priester gemeinsam mit allen das Kreuzzeichen. Dann ruft er der versammelten Gemeinde durch den Gruß die Gegenwart des Herrn ins Bewusstsein. Durch diesen Gruß und die Antwort der Gemeinde wird das Gegenwärtigsein des Mysteriums der Kirche in der feiernden Gemeinde zum Ausdruck gebracht.“ (Nr. 28) Damit ist schlicht gesagt, dass es zu Beginn der Feier nicht um die besondere priesterliche Berufung geht, sondern darum, dass sich die liturgische Versammlung in Gruß und Gegengruß vor dem erhöhten Herrn als seine Kirche erweist.

Hier passiert also etwas Ähnliches wie bei den Grußworten vieler Paulusbriefe, aus denen nebenbei einige alternative Formeln des Messbuchs schöpfen. Paulus spricht mit den Grußformeln die durch die Taufe von Christinnen und Christen konstituierte Gemeinde an, die Ekklesia, die Kirche in Rom und anderswo. Die Gemeinschaft mit dem Auferstandenen wird ausgerufen, bevor er auf das zu sprechen kommt, was er der jeweiligen Gemeinde sagen wird. Die Gabe des Kyrios, den Zuspruch des auferstandenen Herrn nennt Paulus „Gnade“ und „Friede“.

Neue Feiermodelle für die zentra

Damit es ein Fest bleibt

Alternative Feiermodelle für die zentralen Feste im Kirchenjahr

Herausgegeben vom Liturgiereferat Linz
Erarbeitet von Albert Scalet

Wort-Gottes-Feier – eine unver

Die Wort-Gottes-Feier am Sonntag

Herausgegeben vom Liturgischen Institut in Freiburg im Auftrag der Bischöfe der deutschsprachigen Schweiz

Wort-Gottes-Feiern am Sonntag wurden bereits in vielen Pfarreien eingeführt. Es ist Zeit, sie als eigene Gottesdienstform zu profilieren. Sie sollen unverwechselbar sein. Das leistet dieses Feierbuch durch moderne Litanei- und Lobgebete, das Bewegungselement Prozession und eindrückliche Zeichenhandlungen wie den Zuspruch eines biblischen Wortes, ein Taufgedächtnis, einen Bußakt mit Versöhnungszeichen, ein Luzernar und anderes.
Das Buch verbindet die klare Struktur einer Grundform mit zahlreichen Texten zur Auswahl. Außerdem bietet es Anregungen für eine Feier mit Kindern, Worte für Kirchenferne und Gebete für ein ökumenisches Taufgedächtnis.

Für die Feier mit Kommunionspendung liegt ein Ergänzungsheft mit Gebeten vor.

176 Seiten, Hardcover mit Lesebändchen, ISBN 978-3-7917-3266-4
€ (D) 32,– / € (A) 32,90

Mit uns – und mit deinem Geiste?

Die Grußformel der Eucharistiefeier verweigert sich der Wort-Gottes-Feier. „Der Herr sei mit euch." – „Und mit deinem Geiste", das kommt in den beiden Feierbüchern nicht vor, es sei denn, ein Diakon steht vor. Für alle anderen gilt, dass sie sich mit den Versammelten im gemeinsamen „uns" zusammenschließen, was im Übrigen auch der eine oder andere Priester vorzieht. Das stört den gegenseitigen Gruß: Zum „mit uns" passt weder die liturgische Antwort „und mit deinem Geiste" noch das an die Alltagssprache angelehnte „und mit dir". Wenn Vorstehende und Mitfeiernde einer Wort-Gottes-Feier dennoch dem vertrauten Sprachspiel der Eucharistiefeier folgen möchten, stehen sie vor einem Dilemma. Was tun?

Ein vor Jahrzehnten in der früheren DDR entstandenes Buch für Wort-Gottes-Feiern löst die Schwierigkeit durch ein einfaches Amen: „Im Namen des Vaters und des Sohnes und des Heiligen Geistes. Amen. Die Gnade unseres Herrn Jesus Christus, die Liebe Gottes des Vaters und die Gemeinschaft des Heiligen Geistes sei mit uns allen." Und alle antworten: „Amen."

Einen anderen Weg gehen die beiden geltenden Feierbücher mit alternativen, einfachen Grußformeln wie z. B. „Jesus Christus ist unserer Mitte und schenkt seinen Frieden." – „Amen." (DE S. 46, CH S. 31) Die Feiernden müssen also von Beginn an realisieren, das in der Wort-Gottes-Feier einiges anders ist als in der Eucharistiefeier und entsprechend mit einem Amen antworten. Ist das eine Zumutung oder nur eine Frage der Einübung? Da Gesang das gemeinsame Tun trägt, wäre es denkbar, diesen Gruß zu singen, z. B. nach dem Modell des Lichtrufs bei der Feier einer Lichtdanksagung (vgl. DE S. 191, CH S. 105). Als Antwort passt sowohl das schlichte Amen wie auch die beim Lichtruf angegebene und aus der Osternacht vertraute Formel: „Dank sei Gott."

Auch biblische Grußformeln wie „Gnade und Friede von dem, der ist und der war und der kommen wird“ (vgl. Offb 1,4a) ließen sich mit Amen oder „Dank sei Gott“ beantworten. Der gesungene Gruß ist feierlicher und stellt auch darum eine Alternative dar, die zu erproben sich lohnen könnte.

Eine andere zuweilen vertretene Option ist die Verwendung des liturgischen Grußes in derselben Form wie in der Eucharistiefeier. Dass sich die offiziellen Bücher für Wort-Gottes-Feiern dagegen entschieden haben, dürfte daran liegen, dass die Worte „und mit deinem Geiste“ seit dem 4. Jahrhundert auf das Amtscharisma bezogen wurden, das mit der Weihe verliehen wird. Folgt man dieser in der Tradition fest verwurzelten Interpretation, kann diese Antwort selbstverständlich nicht in der Wort-Gottes-Feier verwendet werden. Die theologische Deutung des wechselseitigen Grußes in der Allgemeinen Einführung in das Römische Messbuch (1975) spricht allerdings nicht gegen die Verwendung in der Wort-Gottes-Feier, im Gegenteil: „Nach dem Gesang zum Einzug macht der Priester gemeinsam mit allen das Kreuzzeichen. Dann ruft er der versammelten Gemeinde durch den Gruß die Gegenwart des Herrn ins Bewusstsein. Durch diesen Gruß und die Antwort der Gemeinde wird das Gegenwärtigsein des Mysteriums der Kirche in der feiernden Gemeinde zum Ausdruck gebracht.“ (Nr. 28) Damit ist schlicht gesagt, dass es zu Beginn der Feier nicht um die besondere priesterliche Berufung geht, sondern darum, dass sich die liturgische Versammlung in Gruß und Gegengruß vor dem erhöhten Herrn als seine Kirche erweist.

Hier passiert also etwas Ähnliches wie bei den Grußworten vieler Paulusbriefe, aus denen nebenbei einige alternative Formeln des Messbuchs schöpfen. Paulus spricht mit den Grußformeln die durch die Taufe von Christinnen und Christen konstituierte Gemeinde an, die Ekklesia, die Kirche in Rom und anderswo. Die Gemeinschaft mit dem Auferstandenen wird ausgerufen, bevor er auf das zu sprechen kommt, was er der jeweiligen Gemeinde sagen wird. Die Gabe des Kyrios, den Zuspruch des auferstandenen Herrn nennt Paulus „Gnade“ und „Friede“.

Wenn in unserer Zeit die Paulus-Worte für den Gruß am Beginn der Eucharistie- oder der Wort-Gottes-Feier verwendet werden, gilt für alle, die heute zum Gottesdienst kommen: Als Kirche stehen sie vor dem in ihrer Mitte gegenwärtigen Christus. „Die Gnade unseres Herrn Jesus Christus", die Paulus seinen Gemeinden zuspricht und der Priester den zur Eucharistiefeier Versammelten, wäre dann die Gnade des Herrn, der der Geist ist (vgl. 2 Kor 3,17). Diesen Geist haben alle Getauften empfangen, darin sind sie in Christus verbunden. „Und mit deinem Geiste" würde dann bedeuten: Und mit dir als einem, der (oder einer, die) in der Taufe den Geist des Herrn empfangen hat. Auf dieser gemeinsamen Taufberufung beruht auch die Beauftragung zur Leitung einer Wort-Gottes-Feier. Sollte sich das Dilemma nicht von hier her lösen, ohne die Würde des priesterlichen Amts auch nur irgendwie in Frage zu stellen?

Schuldbekenntnis

Müssen Gottesdienste denn immer mit Schuld und Sünden beginnen? Nein. Nicht nur weil anderes ohnehin vorausgeht, die Versammlung zur Feier, der liturgische Gruß und ein paar einführende Worte. Nein, weil selbst in der Eucharistiefeier anstelle des Bußakts ein Taufgedächtnis treten kann, weil ein Bußlied gesungen werden kann oder weil an besonderen Festtagen der Bußakt ganz entfallen kann. In der Wort-Gottes-Feier zählt der Bußakt mit Schuldbekenntnis und Vergebungsbitte, gegebenenfalls mit einem zusätzlichen Versöhnungswort, in beiden Feierbüchern zu den Antworthandlungen der Feier, hat seinen Ort daher auch erst nach der Wortverkündigung. Wenn eine andere Antworthandlung gewählt wird, gibt es in der Wort-Gottes-Feier kein Schuldbekenntnis mit Vergebungsbitte.

Wird die Wort-Gottes-Feier mit Kommunionspendung gefeiert, sieht das Schweizer Feierbuch vor, dass das Schuldbekenntnis vor dem Litaneigebet eingefügt wird, also gefühlt weit entfernt vom Kommunionempfang, der doch dazu motiviert haben dürfte. Im Hintergrund steht die auf Mt 5,23–24 zurückgeführte Vorstellung, dass jemand nicht zum Altar treten soll, wenn sein Bruder oder seine Schwester etwas gegen ihn hat, er oder sie sich vielmehr vorher mit dieser Person versöhnen soll. Was Menschen entzweit, ist vor Gott nicht gleichgültig. Positiv formuliert: Gottesliebe und Liebe zu den Menschen gehören zusammen. Wenn das sogenannte Allgemeine Schuldbekenntnis mit den Worten beginnt „Ich bekenne Gott, dem Allmächtigen, und allen Brüdern und Schwestern, dass ich Gutes unterlassen und Böses getan habe …“, ist die gott-menschliche und die zwischenmenschliche Beziehung angezeigt. Gebetsunterstützung für die oder den Schuldigen holen sich die Betenden nicht nur bei Maria, den Engeln und Heiligen, sie bitten auch die Anwesenden, also „euch, Brüder und Schwestern, für mich zu beten bei Gott“. Vielleicht geht das in der Feier manchmal zu schnell, aber ein Moment der

Stille, in dem eine für den anderen betet – ohne dessen Verfehlungen zu kennen –, dürfte die Feiernden tief miteinander verbinden. Andere Bekenntnisse sind da weniger deutlich, sie haben dafür andere Vorzüge. Die Solidargemeinschaft der mit Schuld Beladenen kommt auch in der Vergebungsbitte zum Ausdruck, in die sich die Leitung einschließt: „Der allmächtige Gott erbarme sich unser. Er lasse uns die Sünden nach und führe uns zum ewigen Leben." Vor ihm sind alle gleich. Und er erbarmt sich aller, die zu ihm rufen.

Die Vergebungsbitte, genauer: der Wunsch, Gott möge vergeben, wird in der Eucharistiefeier vom Priester gesprochen. Das kann zur Unsicherheit führen, ob sie dem Klerus vorbehalten ist. Abgesehen davon, dass die beiden Feierbücher die Vergebungsbitte eindeutig der Vorsteherin oder dem Leiter zuordnen, findet sich das Schuldbekenntnis mit Vergebungsbitte auch im kirchlichen Nachtgebet, der Komplet, wo sie von Ordensschwestern und -brüdern an Gott gerichtet wird. Die Bitte ist eben keine sakramentale Absolution. Versöhnung hat unterschiedliche Tiefengrade und Ausdrucksformen.

Der Vergleich mit der Komplet bringt einen weiteren Gesichtspunkt ins Spiel. Am Ende des Tages folgt das Bekenntnis auf die Gewissenserforschung. Es gilt loszulassen, auch Versagen und Schuld, die Gott hingehalten werden. Loszulassen, was sich in der Woche ereignet hat, kann am Beginn einer sonntäglichen Wort-Gottes-Feier durchaus sinnvoll sein. Für manche übernimmt das Schuldbekenntnis diese Funktion. Doch die Feier muss nicht immer mit Schuld und Sünde beginnen. Die schöne Seite des Lebens darf und soll vor Gott ebenso bedacht werden. Das deutsch-österreichische Feierbuch bietet unter den Vorschlägen für die einführenden Worte einen, der genau das aufnimmt:

„Nach einer Woche, die wir unterschiedlich erlebt haben, lädt Christus uns ein, zu ihm zu kommen. Ihm halten wir unser Leben hin mit allem, was es gerade ausmacht: was uns erfreut, aber auch unsere Sorgen und unsere Schuld. Danken wir ihm für das, was gelungen ist, bitten wir ihn um Kraft für das, was uns aufgegeben ist." (DE S. 47)

Litaneigebet

Runterfahren. Die Gedanken zur Ruhe kommen lassen. Vergessen, was mich nach der Feier immer noch zur Genüge beschäftigen wird. Sammlung. Und in die Gegenwart Gottes treten, besser: sich bewusst werden, dass er da ist. Selbst wenn wir ihn ignorieren würden, kann und will er uns nicht ignorieren. Darum geht es also am Beginn der Feier: präsent werden als Einzelne und zusammen als feiernde Gemeinschaft vor dem präsenten Gott. Das Schweizer Feierbuch nutzt die meditative Form des Litaneigebets, um das zu unterstützen. Das klingt zum Beispiel so:

> „Sei hier zugegen, mit deinem Leben,
> in unsrer Mitte, Gott bei den Menschen.
> *Alle*: Sei hier zugegen, Licht unsres Lebens.
> Zeig uns dein Angesicht, gib uns das Leben.
> Kommt sei uns nahe, damit wir leben.
> *Alle*: Sei hier zugegen, Licht unsres Lebens.
> Du bist auch heute ein Gott für die Menschen.
> Du bist uns nahe seit Menschengedenken.
> *Alle*: Sei hier zugegen, Licht unsres Lebens."
> (CH S. 33–34 mit weiteren Anrufungen; vollständige Litanei: KG 804; GL 557)

Wie tragen Litaneigebete dazu bei, dass Menschen zur Ruhe kommen? Das Prinzip ist einfach: Eine Person, in der Regel die Leiterin oder der Vorsteher, spricht Sätze gleichbleibender Struktur mit wechselndem Inhalt. Nach jedem Satz antworten alle mit einem kurzen Satz oder Gesang. Gemeinsames Sprechen und Singen verbindet. Es geht nicht nur um mich in der Liturgie. Wiederholung und Wechsel, betend hören und betend antworten, nicht geleiert, sondern fließend: Dieser Rhythmus erleichtert die Sammlung für das, was folgen wird, das Hören des Wortes Gottes. Der Litanei von der Gegenwart Gottes von Huub Oosterhuis, aus der die gerade angeführten Sätze stammen, ist ein auf das Hören bezogener Gebetsabschluss angefügt: „Gott, du wartest auf uns, bis wir geöffnet sind für dich: wir warten auf dein Wort, Jesus, das Wort deines Friedens." (CH S. 34)

Selbstverständlich reicht eine Gebetstechnik alleine nicht. Die Litanei muss die Situation der Menschen, mit dem, was sie am Beginn eines Gottesdienstes bewegen mag, im Gebet vor Gott tragen. Und sie muss Worte finden, in denen diese Menschen in ihrer Sprache den Gott Israels, den Vater Jesu, oder Jesus erkennen und ansprechen können. Der Anspruch ist hoch. In Sprache und Inhalt sind die zwölf Litaneigebete des Feierbuchs unterschiedlich. Antworten und Gesänge können außerdem durch andere Texte, Kehrverse oder Liedrufe ersetzt werden.

> „Jesus, du kommst herein ins Haus unsres Lebens.
> *Alle*: Die dem Herrn vertrauen, schöpfen neue Kraft, *oder*: Christ Kyrie.
> Du bleibst bei uns, wenn es Abend wird. …
> Du teilst alles mit uns wie ein Bruder. …
> In deiner Nähe bekommen wir Mut. …
> In deiner Nähe wird alles neu. …" (CH S. 38)

Wieder leitet der Gebetsschluss zur Schriftverkündigung über:

> „Gott, unser Vater, du hast uns deinen Sohn geschenkt, der allezeit mit uns unterwegs ist. Lass uns die Zeichen seiner Gegenwart spüren: wenn wir miteinander Gottesdienst feiern, wenn wir die Botschaft der Heiligen Schriften hören, wenn wir unseren Glauben an dich miteinander teilen." (CH S. 38)

Die Feiernden sind jetzt – so Gott will – bereit, ihm in seinem Wort zu begegnen.

„Herr“ und „Herrschaft“

Kein einziges Wort der Liturgie löst so viele Diskussionen aus wie dieses. Der „Herr“ kommt nicht nur in den Kyrie-Rufen vor. Im Gebetsschluss begegnet Jesus immer wieder als „unser Herr und Gott“, der nicht nur lebt, sondern unglückseligerweise auch noch „herrscht“. Der Lobpreis der Wort-Gottes-Feier adressiert in der Regel einen anderen „Herrn“ mit Einladungen wie „Gepriesen bist du, Herr, unser Gott, für deinen Sohn Jesus Christus“ (CH S. 55), den Vater Jesu also, den Gott Israels. Die Lektionare mit dem revidierten Text der Einheitsübersetzung von 2016 geben dem Herrn in den Lesungen des Alten Testaments sogar ein eigenes Schriftbild: HERR. Und das alles, obwohl sich viele und nicht nur Frauen mit dem „Herr“ schwertun … Warum also? Es besteht Klärungsbedarf. Die Diskussionen werden dennoch bleiben, so sicher wie das Amen in der Kirche.

Die Liturgie übernimmt die Vokabel aus dem Alten wie aus dem Neuen Testament. Sie bindet sich damit zurück an ihren biblischen Ursprung: Gott hat einen *Eigennamen*, JHWH, in dem er sich Mose zu erkennen gibt als lebendiger und treuer Gott (vgl. Ex 3,14). Er hat ein *Angesicht*, ist *Person*. Im Laufe der Zeit stellt sich in Israel die Gewohnheit ein, diesen Namen nicht mehr auszusprechen, sondern durch die Gott vorbehaltene hebräische Anrede *adonaj* (mein Herr) zu ersetzen, wobei Herr nicht maskulin und nicht als Herrschaftsstruktur verstanden wurde. Dafür gab es eigene Vokabeln. Diesen Gott rufen normale Männer und Frauen aus dem Volk Israel an, nicht nur das Kultpersonal wie in den Religionen der Umwelt. Deren Götter sind Götzen aus Silber und Gold, ein Produkt von Menschenhand, stumm, taub, bewegungslos (vgl. Ps 115,4–7), also gänzlich handlungsunfähig. Anders der Gott Israels: Er hat Himmel und Erde geschaffen, alles. Als Schöpfer steht er jenseits der irdischen Sphäre – die Götter sind bestenfalls innerweltliche Größen –, er herrscht über alles, aber nicht als kalter Despot, sondern jenen segnend zugewandt, die seinen Namen, also ihn selbst, fürchten und ehren: „Gesegnet seid ihr vom Herrn, der Himmel und Erde gemacht hat." (Ps 115,15) Sein Herrschen setzt verfehlten Formen von Herrschaft eine Grenze. Sein Ideal für Israel ist Freiheit, aber die müssen die Menschen (nicht nur das Volk Israel!) immer wieder neu lernen.

Die Sprachverwirrung beginnt mit der griechischen Übersetzung der hebräischen Bibel: Hebräisch *adonaj* wird zu Griechisch *kyrios*, was nicht mehr ausschließlich auf den Gott Israels bezogen ist, sondern auch Männer und Herrscher bezeichnet. *Kyrios* wird Lateinisch zu *Dominus*, und das übersetzt Martin Luther mit „Herr". Über das Wort *kyrios* ist die zweifache Verwendung von „Herr" für den Gott Israels wie für Jesus zu erklären, die bis heute in der Liturgie zu finden ist, denn *kyrios* ist im Neuen Testament ein Titel Jesu. Die Herrschaftsdimension ist durchaus mitzuhören, aber dieser Kyrios sprengt schon durch die Botschaft vom Reich Gottes menschliche Herrschaftsformen, endgültig und unüberbietbar zuletzt am Kreuz.

Zugleich stellt der Kyrios-Titel Jesus auf die Seite Gottes, wenn beispielsweise Thomas den Auferstandenen wiedererkennt und ausruft: mein *kyrios* und mein Gott (Joh 20,28). Der Philipperhymnus ist ein weiteres Beispiel für diese biblische Namens- und Herrschaftstheologie: „Er [Christus Jesus] erniedrigte sich und war gehorsam bis zum Tod, bis zum Tod am Kreuz. Darum hat ihn Gott über alle erhöht und ihm den Namen verliehen, der größer ist als alle Namen, damit alle im Himmel, auf der Erde und unter der Erde ihr Knie beugen vor dem Namen Jesu und jeder Mund bekennt: Jesus Christus ist der Herr *[kyrios]* zur Ehre Gottes, des Vaters." (Phil 2,8–11) Alle müssen die Knie beugen. Ohne Ausnahme. Selbstverständlich auch alle in der Kirche. Doch auch dies ist wahr: Diese Geste demütigt nicht. Sie führt Menschen über sich selbst hinaus in die Freiheit des neuen Lebens in Christus. Deshalb halte ich die beiden Vokabeln für unverzichtbar. Die Theologie dahinter erschließt sich selbstverständlich nicht unmittelbar, weil beide Worte im allgemeinen Sprachgebrauch anders besetzt sind. Hält unser *kyrios* nicht allen Herrschern und Herrscherinnen einen Spiegel vor?

Kyrie-Litanei

„Wenn du mit deinem Mund bekennst: Herr *[kyrios]* ist Jesus – und in deinem Herzen glaubst: Gott hat ihn von den Toten auferweckt, so wirst du gerettet werden." (Röm 10,9) Diesen Kyrios rufen die Gläubigen mit den Kyrie-Rufen zu Beginn der Eucharistiefeier und der deutsch-österreichischen Wort-Gottes-Feier an. Sie versammeln sich in seinem Namen. Sie bekennen sich zu ihm, dem Gestorbenen und Auferstandenen, zu ihm, der nicht mehr an Raum und Zeit gebunden ist und so gegenwärtig sein kann und will, wo zwei oder drei in seinem Namen beisammen sind. Die Christusrufe in der Kyrie-Litanei bringen das ins Wort (DE Grundform S. 49):

> „Herr Jesus, Sohn des lebendigen Gottes: Kyrie eleison.
> Du Mittler des Neuen Bundes: Kyrie eleison.
> Herr Christus, du hast für uns getragen Kreuz und Leiden: Christe eleison.
> Du bist für uns auferstanden von den Toten: Christe eleison.
> Herr Jesus, du Herr deiner Kirche: Kyrie eleison.
> Du Hoffnung der ganzen Erde: Kyrie eleison."

Dieses Schema mit dreimal zwei Anrufungen, die sich die Feiernden mit dem Ruf „Kyrie/Christe eleison" oder mit „Herr, erbarme dich/Christus erbarme dich" zu eigen machen, kann entsprechend dem Kirchenjahr oder thematisch variiert werden (DE Anhang 1). Inhaltlich geht es dabei immer um etwas, das der Kyrios für die Menschen getan hat oder was er für die Menschen ist. Aber ist das Kyrie denn nicht eine Bitte um Erbarmen? Gehört es sich nicht, dass die Gläubigen am Anfang der Feier mit einem Schuldbekenntnis erst einmal aussprechen, was sie von diesem Kyrios getrennt hat und dafür um Vergebung bitten? In einer sehr verbreiteten Form des Bußakts der Eucharistiefeier entspricht dem Ruf „Herr, erbarme dich unser" die Bitte: „Der Herr erbarme sich unser. Er nehme von uns Sünde und Schuld …". In der Wort-Gottes-Feier steht das tatsächlich nicht am Anfang. Bußakt und Vergebungsbitte sind hier ein mögliches Antwortelement auf das Hören seiner Stimme im biblischen Wort.

Die Wort-Gottes-Feier nimmt damit, so kann man es etwas vereinfacht sagen, nicht defizitorientiert menschliches Versagen und Schuld in die Eröffnung hinein, sondern setzt positiv an. In der heidnischen Antike begrüßte das Volk einen Herrscher bei seiner Ankunft in einer Stadt mit einem jubelnden, oft wiederholten „Kyrie eleison". Sie huldigten dem gottgleichen Herrscher. Und sie konnten Almosen von ihm erwarten oder Lustbarkeiten. Insofern ist der Ruf nicht nur Begrüßungsformel, sondern auch Ruf nach Erbarmen. In den Kyrie-Rufen im Eröffnungsteil schwingt beides mit: Sie sind Jubelrufe, die dem erhöhten Herrn gelten, sie huldigen ihm. Deshalb stehen die Gläubigen, deshalb wird die Kyrie-Litanei vorzugsweise gesungen und nicht gesprochen. Sie dürfen etwas von ihm erwarten, wenn er in ihrer Mitte ist. Doch was, wenn nicht Almosen und Lustbarkeiten?

Der Ruf nach dem Erbarmen Gottes erklingt vielfach in den Psalmen, z. B. Ps 6,3: „Sei mir gnädig, HERR *[eleison me kyrie]*, denn ich welke dahin; heile mich, HERR, denn meine Glieder erstarren vor Schrecken!" In Schmerz und Bedrängnis schreit der Beter oder die Beterin um Gottes Erbarmen, zugleich aber in der Gewissheit der Erhörung und Rettung: „Gehört hat der HERR mein Flehen, der HERR nimmt mein Beten an." (Ps 6,10) Gott wendet sich zu, er sieht das Elend, er heilt Krankheit und rettet vor Feinden. Diese Linie zieht sich bis ins Neue Testament: Der blinde Bartimäus ruft gleich zweimal: „Sohn Davids, Jesus, hab Erbarmen mit mir!" (Mk 10,47–48.) Er ist sicher, dieser Jesus wird ihn hören, sehen und heilen. Und es geschieht. Was also dürfen die Gläubigen erwarten, wenn sie den Kyrios anrufen? Dass sie gehört, gesehen, geheilt, gerettet werden, wie auch immer ihre persönliche Situation sein mag.

Eröffnungsgebet

Gewohnheit entlastet. Fast alle liturgischen Feiern haben ein Tages- oder ein Eröffnungsgebet. Danach schließen sich die Lesungen an. Das ist auch im deutsch-österreichischen Feierbuch so. Gewohnheit verführt auch zur Oberflächlichkeit. Man achtet nicht mehr so genau auf das, was man gerade tut. Es rauscht vorbei, besonders wenn es so schnell vorbei ist, wie die üblicherweise kurzen Eröffnungsgebete. Deshalb braucht es Abwechslung – und eigenes Tun. Das gilt auch für liturgisches Beten. Klingt selbstverständlich, ist es aber nicht. Warum?

Nach dem Kyrie lädt die Vorsteherin oder der Leiter mit den Worten „Lasset uns beten“ zum Gebet ein. Es folgt eine kurze Stille, was faktisch leider nicht immer der Fall ist. Was passiert in diesem Moment der Stille? Sie ist weder dazu da, dass die Vorsteherin oder der Leiter die Seite mit dem Gebet im Buch sucht oder langsam bis zehn zählt, sondern dass sie oder er betet. Und nicht nur die Leitung, sondern jeder und jede Einzelne. Alle sind zum stillen Gebet eingeladen. Was der Mann in der vorletzten Reihe oder die Frau mit dem blauen Mantel aus dem persönlichen Leben mit in diesen Gottesdienst bringt, weiß niemand. Die Liturgie ist diskret: Jede und jeder kann es in diesem Moment Gott hinhalten und loslassen. Eine Gebetsatmosphäre entsteht. Offen werden und einschwingen in das gemeinsame Gebet – „Lasset *uns* beten“ –, sonst wird es eben kein *gemeinsames* Gebet. Nur wissen nicht gerade viele, dass sie diesen unscheinbaren Moment nach der Gebetseinladung füllen dürfen und sollen.

Erst dann spricht die Leiterin oder der Vorsteher für alle das Eröffnungsgebet. Das deutsch-österreichische Buch bietet eine große Fülle von Gebeten an, die Tagesgebete des Messbuchs und viele neue Gebete, die sich auf das Evangelium des Sonntags beziehen. Ein Beispiel (DE S. 99):

„Gott, unser Heil,
durch den Mund deiner Propheten hast du zu den Völkern gesprochen,
im Evangelium sprichst du durch deinen Sohn zu uns.
Gib uns ein waches Herz für dein Wort, damit wir ihn aufnehmen, den du gesandt hast,
Jesus Christus, unseren Herrn, der mit dir und dem Heiligen Geist lebt und herrscht in Ewigkeit."
„Amen."

Die typische Struktur einer Begegnung, wie sie im Abschnitt „Eine Begegnung und der Aufbau einer Feier" beschrieben wurde, findet sich auch hier: die Namensanrede, die vergangene Beziehungsgeschichte bis zum heute durch die Worte des Evangeliums Sprechenden und dem Hier und Jetzt in der Bitte um das wache Herz für Jesus Christus, die Schlussformel. Das Wissen um diese Grundstruktur hilft, viele dieser kurzen Gebete zu erfassen. Ein langsamer und klarer Sprechfluss trägt. Entscheidend ist, dass die Leitung das Gebet nicht abliest, sondern schlicht betet. Das ist einfacher gesagt als getan, zumal die Feiernden der Vorsteherin oder dem Leiter ins Gesicht schauen. Wahrhaftiges Beten überträgt sich auch auf die Feiernden. Es wird zum Gebet der Gemeinschaft, das sich alle mit ihrem Amen zu eigen machen können. Ohne fehlt etwas, denn „Amen" heißt: Das ist so, das ist gewiss, ja, das unterschreibe ich. Um zusammen mit „Amen" einzustimmen, braucht es ein Signalwort. Hier ist es die Schlussformel, die über ihre dichte theologische Bedeutung hinaus das Signal gibt für das „Amen", das das gemeinsame Gebet abschließt.

Lichtdanksagung

Roratefeiern gehören zu den beliebtesten Gottesdiensten im ganzen Jahr. Das dürfte weniger an der frühen Morgenstunde und dem gemeinsamen Frühstück nach der Feier liegen, als an der besonderen Atmosphäre einer Lichtfeier in der dunkelsten Zeit des Jahres. Auch wenn zu jeder Tages- und Nachtstunde elektrisches Licht in Griffnähe ist, spüren Menschen offenbar noch heute die Wirkung der Dunkelheit, Winterdepression eingeschlossen. Das warme Licht von Kerzen in einem Raum ohne elektrisches Licht schafft eine dichte Atmosphäre, die sich leicht aufladen lässt mit den großen Worten Frieden, Gerechtigkeit, Hoffnung.

Wenn selbst Menschen des technischen Zeitalters diese Wirkung erfahren, kann man sich vorstellen, was das abendliche Licht einer Öllampe oder Kerze in früheren Jahrhunderten bedeutete. Abendliche Lichtrituale waren in der Antike im Judentum wie im Heidentum anzutreffen. Eine Quelle (vermutlich 3. Jahrhundert) beschreibt einen christlichen Lichtritus: Bei Anbruch der Dunkelheit trägt ein Diakon eine Lampe herein. Es folgt der liturgische Gruß „Der Herr sei mit euch“ etc. und eine Lichtdanksagung durch den Bischof, danach ein (Agape-)Mahl. Wegen der Lampe, lateinisch *lucerna,* nennt man die Feier Luzernar. Die Lichtdanksagung ist ein feierliches Lichtgebet. Der Dank bezieht sich auf das Licht des zurückliegenden Tages und auf das Abendlicht, das auf Christus, das Licht schlechthin, verweist. So heißt es in einem Abendlied: „Angelangt an der Schwelle des Abends schauen wir Christus, das ewige Licht …“ (KG Nr. 684). Es nimmt Motive aus dem Lichthymnus *Phos hilaron* (deutsch: Heiteres Licht) aus dem 2. Jahrhundert auf, der bis heute in vielen Sprachen gesungen wird.

Mit einer Lichtdanksagung, einem Luzernar, kann man ein Abendlob ebenso eröffnen wie eine Wort-Gottes-Feier – vorzugsweise in der Advents- und Weihnachtszeit. Das Schweizer Feierbuch folgt weitgehend dem deutsch-österreichischen. Beim Einzug trägt eine Person, eine Ministrantin oder ein Ministrant, gegebenenfalls auch die Leiterin oder der Vorsteher, eine große brennende Kerze in die schwach erleuchtete Kirche, die Lektorin oder der Lektor trägt das Lektionar. Alle stehen – und schauen Christus, das Licht. Die Vorsteherin oder der Leiter eröffnet die Feier mit einem gesungenen Lichtruf: „Im Namen unseres Herr Jesus Christus: Licht und Frieden." Alle antworten mit den Worten: „Dank sei Gott." Die Kerze wird auf einen Leuchter gestellt, das Lektionar auf den Ort des Buches gelegt. Ministrantinnen und Ministranten entzünden Kerzen im Altarraum, vielleicht auch weitere im Kirchenraum oder die Kerzen der Gläubigen. Dazu singen alle einen Lichthymnus, d. h. ein Lied mit Licht- und Christussymbolik, von denen es im Weihnachtsfestkreis viele gibt. Danach folgt die Lichtdanksagung, z. B. diese frei an den Text aus dem 3. Jahrhundert angelehnte:

„Wir danken dir, Herr, unser Gott,
durch Jesus Christus, das Licht der Welt.
Durch ihn hast du uns erleuchtet
und uns das unvergängliche Licht gezeigt.
Wir haben den Tag vollendet
und den Anfang der Nacht erreicht.
Wir haben uns gefreut am Licht, das du geschaffen hast.
Am Abend ist Christus uns Licht in der Dunkelheit.
Durch ihn gebührt dir Herrlichkeit, Ehre und Macht
in der Einheit des Heiligen Geistes, jetzt und in Ewigkeit. –
Amen." (CH S. 107)

Andere Lichtdanksagungen sprechen davon, was dieses Licht für die Menschen bedeutet: „Du hast das Licht des Friedens, der Gerechtigkeit und Liebe entzündet und der ganzen Schöpfung Leben und Heil geschenkt." (DE S. 195) Im Zeichenhandeln und in den Texten ist das Luzernar ein feierlicher Beginn, eine helle Ansage für alle Feiernden in dunkler Zeit.

GOTTES WORT HÖREN – VERKÜNDIGUNG

Die Prozession mit dem Lektionar

Was lenkt die Aufmerksamkeit von Menschen in einem Raum? Alles, was sie sinnlich wahrnehmen, ganz besonders das, was sie sehen und hören. In einer leisen Umgebung wirkt jeder Ton stärker, in einem dunklen Raum Licht, in einem geruchsarmen Raum eine Duftwolke. Vor allem weckt in einem Raum, in dem sonst alles ruhig ist, jede Bewegung Aufmerksamkeit. Der Wechsel löst Erwartung aus. Es könnte sein, dass jetzt etwas passiert. Wenn sich alle Menschen gemeinsam in derselben Ruhehaltung befinden – sitzend oder stehend – und eine Person geht für diese gut sichtbar los, wandern alle Augen dorthin. Sie fokussiert die Aufmerksamkeit. Die Wort-Gottes-Feier nutzt durch die Prozession mit dem Lektionar diese einfache Form menschlicher Wahrnehmung, um die Aufmerksamkeit auf das Wort Gottes zu richten. Christus ist gegenwärtig, wenn aus den Heiligen Schriften verkündet wird, ihm gilt es Raum zu geben.

Die Prozession entfaltet sich dem Schweizer Feierbuch nach in mehreren Handlungsschritten, die alle dem Ziel dienen, die Feiernden auf die Schriftverkündigung vorzubereiten, ihre Erwartung zu steigern, ihr Ohr zu öffnen. Seit Beginn der Feier stehen die Versammelten. Die Litanei verklingt, ein Gebet oder eine knappe Überleitung zeigt einen Wechsel an: „Jesus Christus ist das lebendige Wort. Im Wort der Heiligen Schrift tritt er in unsere Mitte. Öffnen wir uns für seine Botschaft." (CH S. 41)

Noch befinden sich alle liturgischen Dienste an ihren Plätzen. Das Lektionar ruht geschlossen auf dem Ort des Buches, einem Pult oder Tischchen, das für alle gut sichtbar ist, oder es liegt (ausnahmsweise) auf dem Altar, wenn der Altarraum sehr klein ist. Jetzt bewegen sich die Lektorin oder der Lektor und die Ministrantinnen und Ministranten auf den Ort des Buches zu – alle in Alben, das setzt zugleich einen visuellen Akzent. Wenn sie losgehen, stimmt die Kantorin oder der Kantor einen Kehrvers an, „Dein Wort, o Herr, geleitet uns auf allen unseren Wegen" (KG 500.6) oder einen anderen. Alle stimmen ein. Währenddessen nimmt die Lektorin oder der Lektor das Lektionar vom Ort des Buches und trägt es leicht erhoben und begleitet von Ministrantinnen und Ministranten mit Leuchtern zum Ambo. Dort angekommen wird das Lektionar allen gezeigt. Jetzt spricht die Vorsteherin oder der Leiter zum Buch gewendet: „Sei gegrüßt, du Wort …". Noch einmal singt die Kantorin oder der Kantor den Kehrvers und die Feiernden wiederholen ihn. Das Buch wird abgelegt, die Leuchter daneben gestellt. Alle setzen sich, die erste Lesung beginnt. Etwas ist jetzt anders. Etwas bereitet sich vor. Zu sehen ist das nicht. Christus kommt im Wort. Das Wort will Ereignis werden im Verkünden und Hören der Schrift.

Das alles dauert nicht lange. Variationen sind möglich, man muss vor Ort ausprobieren, was zum Raum passt und personell möglich ist. Einen praktischen Zweck verfolgt die Prozession nicht. Man könnte das Lektionar schon vor Beginn der Feier auf den Ambo legen. Das ist einfacher und man braucht auch keinen eigenen Ort des Buches, aber es ereignet sich auch nichts. Weniger feierlich, aber dennoch wirksam ist es, wenn nur die Lektorin oder der Lektor ohne Begleitung durch Leuchter, ohne Gesang und deutende Worte das Lektionar zum Ambo trägt. So schlägt es das deutsch-österreichische Feierbuch vor. Zwischenstufen sind denkbar. Oder eine größere Prozession, bei der Kinder die Gruppe mit dem Lektionar durch den ganzen Kirchenraum begleiten. Auch eine dreifache Steigerung ähnlich dem Einzug der Osterkerze in der Osternacht ist an besonderen Festtagen denkbar. Dabei nehmen die Deuteworte beim dreimaligen Erheben des Lektionars Bezug auf die Schöpfung, den Weg des Volkes Gottes und zuletzt auf die Menschwerdung: „Brüder und Schwestern, das Wort ist Fleisch geworden. Es hat unter uns gewohnt.“ – „Dein Wort, o Herr, geleitet uns auf allen unseren Wegen.“ (CH S. 42–43)

„Sei gegrüßt, du Wort …“

Eine Frau, die ich gut kenne, überrascht mich zuweilen, wenn ich sie anrufe: Ohne, dass ich irgendetwas gesagt habe, höre ich sie sagen: „Moment, ich muss erstmal das Bügeleisen ausstellen …“ oder ähnlich. Mich verblüfft jedes Mal, dass ich gar nicht dazu komme, sie zu begrüßen. Und sie begrüßt mich auch nicht. Sie hat meinen Namen im Display gesehen, aber so unvermittelt ins Gespräch stolpern, das ist eigenartig. „Sei gegrüßt, Andrea, hier ist Gunda“, das würde stimmen, oder „Hallo Andrea“. Einander grüßen, wenn man sich trifft, ist elementar für eine Begegnung.

So überrascht es auch nicht, dass es in der Liturgie Grußformeln gibt. Mit der in der Eucharistiefeier gleich viermal verwendeten Formel „Der Herr sei mit euch“ öffnet sich ein Raum der Begegnung zwischen Gott und den Gläubigen. Grüßen diese Gott auch direkt? In der orthodoxen Liturgie gibt es das. Im Schweizer Feierbuch findet sich z. B. ein Lichtgruß, der diese Form hat: „Sei gegrüßt, Herr Jesus, der Tag ohne Abend bist du, sei gegrüßt, alles durchdringendes Licht! …“ (CH S. 109)

Viel prominenter ist die Begrüßung des Wortes bei der Prozession mit dem Lektionar. Die Lektorin oder der Lektor trägt das Lektionar vom Ort des Buches zum Ambo und erhebt es. Wenn die Vorsteherin oder der Vorsteher während dieses Zeigegestus den Gruß spricht, deutet sie oder er zugleich das Geschehen:

„Sei gegrüßt, du Wort, das der Welt den Anfang gab.
Sei gegrüßt, du führst dein Volk durch die Zeit.
Sei gegrüßt, du bleibst in Ewigkeit.
Sei gegrüßt, Gottes Wort: Wirke in uns.“ (CH S. 41)

Der Gruß gilt einer Person, obwohl die Gläubigen nur das Buch sehen, nicht mehr. Als Symbol verweist das Lektionar auf etwas, genauer: auf jemanden, der sich den menschlichen Sinnen nicht unmittelbar zeigt und dennoch da ist. Die Anrede „du Wort" zielt auf den, der Wort einfachhin ist, den menschgewordenen Gott. Die erste Zeile des Grußes spielt auf den Beginn des Johannesevangeliums an: „Im Anfang war das Wort und das Wort war bei Gott und das Wort war Gott. Dieses war im Anfang bei Gott. Alles ist durch das Wort geworden und ohne es wurde nichts, was geworden ist. … Und das Wort ist Fleisch geworden …" (Joh 1,1–3.14) Der Gruß des Wortes in Person reicht bis zum Beginn der Schöpfung im Wort, nimmt er doch zugleich den ersten Satz der Bibel auf: „Im Anfang erschuf Gott Himmel und Erde." (Gen 1,1) Der Schöpfungshymnus in Gen 1 entfaltet, wie durch das Sprechen Gottes, durch eine Wort-Handlung, nach und nach alles entsteht.

Wie in einem poetischen Text spielen in der zweiten Zeile wieder verschiedene Motive zusammen: Der Gott des ersten Bundes spricht immer wieder zu seinem Volk durch Mose, durch die Propheten u. a., mahnend, damit sie auf den Weg zurückfinden, tröstend, wenn sie fern von Jerusalem mit Sehnsucht dorthin schauen. Das Wort in Person, Jesus, führt das neue Gottesvolk, die Kirche, durch die Zeit: „Ich bin mit euch alle Tage bis zum Ende der Welt." (Mt 28,20) Als Auferstandener, der zum Vater zurückgekehrt in Gottes Ewigkeit lebt, bleibt er den Menschen verborgen und ist zugleich nahe.

Die letzte Zeile führt ins Hier und Jetzt der Feier. Es ist, als wäre zwischen der göttlichen Ewigkeit und der menschlichen Zeit eine Membran, die es dem Auferstandenen erlaubt, immer wieder in die Mitte der Menschen zu treten. Im Wort in Person treffen Zeit und Ewigkeit aufeinander. Deshalb können die Gläubigen ihn grüßen und ihn bitten, durch das Wort der Lesungen, die danach verkündet werden, in ihnen zu wirken.

Die Lesungen

„Du führst dein Volk durch die Zeit", lautet die zweite Zeile im „Sei gegrüßt, du Wort …". Welches Volk gemeint ist, bleibt offen: das Volk des ersten Bundes, das Gott von Generation zu Generation in Treue bewahrt oder/und das Volk des neuen Bundes in Jesus, das in den Kirchen und kirchlichen Gemeinschaften mit ihm auf dem Weg ist. Beide reihen sich auf ihrer Reise in den langen Zug der Zeugen und Zeuginnen der biblischen Zeit ein. Christinnen und Christen brauchen die Väter und Mütter Israels, die Propheten, die Beterinnen und Beter der Psalmen, weil sie durch den Juden Jesus zu ihrer eigenen Familiengeschichte gehören, weil Jesus tief darin verwurzelt ist. Matthäus macht das z. B. mit dem Stammbaum Jesu deutlich (vgl. Mt 1,1–17). Der Hebräerbrief spricht von einer großen Wolke von Glaubenszeugen (vgl. Hebr 12,1). Manche werden mit Namen genannt: Abel, Noach, Abraham, Sara, Isaak, Jakob und Josef, Mose, David, Samuel und andere (vgl. Hebr 11). Auch die Propheten, zu denen Gott vielfältig und auf vielerlei Weise gesprochen hat, gehören dazu (vgl. Hebr 1,1).

Wird ein Baum von seinen Wurzeln getrennt, stirbt selbst die prächtigste Krone. In den Lesungen aus den Büchern des Alten Testaments begegnen den Gläubigen zahlreiche Glaubensgestalten aus ferner Zeit. Von König David trennt eine dreitausendjährige Geschichte. Manches, wie der Kampf Davids gegen Goliath, spricht auch heute mit großer Kraft. Anderes ist wie Eisenerz, aus dem erst in einem aufwendigen Prozess Eisen gewonnen werden kann. Manche Glaubenserfahrungen sind eine so enge Verbindung mit historischem Material eingegangen, dass ihr Gehalt nicht schnell freigelegt ist. Fragt man, warum sie dennoch gelesen werden, hilft zuweilen das Lektionar mit der grau gesetzten Zeile in Großbuchstaben. Über der Lesung vom Auszug der Ägypter durch das Meer, das dem ganzen Heer den Tod bringt, steht: DIE ISRAELITEN ZOGEN AUF TROCKENEM BODEN MITTEN

DURCH DAS MEER. Das verweist auf eine Glaubenserfahrung: Gott rettet sein Volk. Der Tod der Ägypter ist dabei illustrierendes Element, nicht die Kernaussage. Im Gefüge der Osternacht verweist diese Lesung auf die Rettung durch Tod und Auferstehung Jesu, in die Menschen durch das Wasser der Taufe eingefügt werden. Diese verschiedenen Be-Deutungen öffnen sich dem Verstehen nicht leicht, sie rufen nach einer Meditation des biblischen Textes und auch nach einer erschließenden Predigt.

Als Bezeugungen des Glaubens können auch die Lesungen der Apostelgeschichte in der Osterzeit (anstelle der ersten, alttestamentlichen Lesung), die zweite Lesung aus den Briefen oder aus der Offenbarung des Johannes verstanden werden. Ein Gebet, das man nach der Lesung und der Akklamation „Wort des lebendigen Gottes" einfügen kann, bringt das ins Wort:

> „Gepriesen bist du, Herr unser Gott,
> für das Zeugnis des Apostels / der Apostelgeschichte …
> Wie den ersten christlichen Gemeinden
> zeigt es uns auch heute Wege der Nachfolge.
> Gepriesen sei dein heiliger Name
> durch alle Zeugen des Glaubens." (CH S. 149)

Auch diese Zeugen sprechen aus einer fernen Zeit und einer fremden Kultur zu den Gläubigen. Nicht immer erschließt sich die Glaubenserfahrung, die dazu führte, dass der Autor so schrieb, wie es jetzt in deutscher Übersetzung gelesen wird. Immer darf und muss man davon ausgehen, dass sie sich zu Jesus Christus bekannten, vielleicht begeistert von ihm und seiner Botschaft erzählten, zusammen mit anderen Christinnen und Christen nach einer von diesem Jesus inspirierten Lebensform suchten und unter Umständen mit dem Leben dafür bezahlten. Fragen an diese Lesungen können helfen: Wie leben die Menschen, von denen die Apostelgeschichte erzählt, ihren Glauben? Wie denkt sich Paulus das christliche Leben im Alltag? An welchen Haltungen orientieren sich die Apostel und ihre Schülerinnen und Schüler oder die Gemeinden?

„Wort des lebendigen Gottes“

Das soll Wort des lebendigen Gottes sein? So ist Gott nicht: zornig, brutal gegenüber den Gegnern des Volkes Israel, kriegerisch oder und mit dem Gericht drohend. Natürlich will er nicht, dass Frauen in der Gemeinde schweigen (vgl. 1 Kor 14,33–35) oder dass sie dem Mann untertan sind (vgl. Eph 5,22–24), oder? Das kann nicht Wort des lebendigen Gottes sein! Lektorinnen und Lektoren verweigern mitunter die Formel, die seit der Einführung der Lektionare mit dem Text der revidierten Einheitsübersetzung unter der ersten und der zweiten Lesung abgedruckt ist. In der Tat sind manche Lesungen schwer verdaulich. Der historische Abstand wiegt schwer, die Glaubensdimension lässt sich nicht leicht freilegen.

Wäre es nicht besser, die Formel wegzulassen? An den als schwierig empfundenen Lesungen ändert das aber nichts, dazu braucht es eine vertiefte Auseinandersetzung und entsprechende Predigten. Vielleicht hilft auch die Einordnung der Formel. Sie steht im Lateinischen *(verbum Domini)* wie im Deutschen im Singular. Es geht also nicht um einzelne Worte oder Sätze der Lesung, sondern um das eine Wort des Herrn oder um das Wort hinter den Wörtern. Das kann die Stimme Gottes sein, von der Psalm 95,7 sagt: „Heute, wenn ihr seine Stimme hört …“ (Übersetzung Klaus Seybold), oder das Wort in Person, das durch alle Schriften hindurchklingt, auch da, wo nicht von Jesus, dem Christus, gesprochen wird. Zuweilen wird die Formel ersetzt durch Formulierungen in der Art: Das waren die Worte (Plural!) der heutigen Lesung. Es klingt ein wenig, als würden in den Nachrichten die Meldungen aus einem Land zum Abschluss gebracht, um mit anderen fortzufahren. Es geht dabei um den Inhalt der Sätze, nicht um den Sprecher oder die Sprecherin. Die liturgische Formel fokussiert dagegen den Sprecher, Gott oder das menschgewordene Wort, Jesus.

In dieselbe Richtung weist eine Erfahrung, die Paulus der Gemeinde in Thessalonich verdankt. Er schreibt ihnen: „Darum danken wir Gott unablässig dafür, dass ihr das Wort Gottes, das ihr durch unsere Verkündigung empfangen habt, nicht als Menschenwort, sondern – was es in Wahrheit ist – als Gottes Wort angenommen habt; und jetzt ist es in euch, den Glaubenden, wirksam." (1 Thess 2,13) Paulus weiß um die Unzulänglichkeit seiner Worte. Trotzdem muss er Jesus verkündigen. Die Thessalonicher konnten offenbar unterscheiden zwischen dem Menschenwort des Paulus und dem Wort Gottes, das Menschen zum Glauben ruft und durch die Taufe in den Glaubenden ist und wirkt. Es erweist sich als ein höchst lebendiges Wort, denn in den ersten christlichen Gemeinden zündet die Botschaft und verändert Menschen. Denselben Sachverhalt reflektiert zwei Jahrtausende später die Konstitution über die göttliche Offenbarung *Dei Verbum*. Es geht in der Heiligen Schrift um „Gotteswort in Menschenwort" (vgl. Nr. 12–13). Wer am Menschenwort hängen bleibt, versteht die Schrift nicht. Wenn jemand an den biblischen Texten Anstoß nimmt, gelangt er möglicherweise sogar schneller an Gott als jene, die alles klar finden oder die die Schrifttexte einfach hinnehmen als etwas, das so oder so fremd bleibt.

Lektorinnen und Lektoren stehen an der Schnittstelle des Gottesworts im Menschenwort. Was sie vortragen, klingt zuweilen sehr menschlich. Mit der Formel „Wort des lebendigen Gottes" outen sie sich als Botschafter. Es sind nicht ihre eigenen Werke, die sie verkünden, sondern Gottes Großtaten zugunsten des Volkes Israel. Sie sind Boten dieser good news, auch wenn die nicht leicht eingehen. Den Propheten ging es übrigens nicht viel besser mit Gottes Botschaften. Immer wieder findet sich dort eine Botenformel: „So spricht der HERR" (z. B. Jes 38,5) oder „Spruch des HERRN" (z. B. Jes 55,8). Damit geben sie dem den Vorrang, der zu seinem Volk spricht. „Wort des lebendigen Gottes" ist zu verstehen als eine liturgische Botenformel. Die Botinnen und Boten müssen die Schriftworte nicht verantworten. Es reicht, wenn sie – so Gott will – eine Dynamik auslösen, die die Gläubigen in Frage stellt und (hoffentlich) immer stärker zu Gott führt. Dann können die Feiernden sich die Herausforderungen vielleicht sogar mit einem „Dank sei Gott" zu eigen machen.

An die Gemeinde – Schwestern und Brüder

Geschwister sucht man sich nicht aus. Die Eltern konnten auch nicht auswählen, wie ihre Kinder sein würden, damit sie als Spielgefährten zusammenpassen, oder welche Eigenschaften im Erwachsenenleben die Geschwister in ehrlicher und tiefer Verbundenheit beieinander hält. Geschwister (oder ihr Fehlen) sind eine Vorgegebenheit. Positiv formuliert: Sie sind eine Gabe, die es als Bonus zu den Eltern und Großeltern dazu gibt.

In den seit 2018 erscheinenden Lektionaren steht über den Lesungen aus den Paulusbriefen nicht mehr „Brüder", sondern „Schwestern und Brüder". An vielen Orten wurden die „mit-gemeinten" Schwestern auch mit-genannt, was schon bisher möglich war, jetzt aber genau so notiert ist. Als „Brüder" redete Paulus die Adressaten seiner Briefe an. Dem damaligen Sprachgebrauch entsprechend, waren die Schwestern inkludiert. Tatsächlich arbeitete Paulus in der Mission und dem Aufbau von Gemeinden mit verschiedenen Frauen zusammen, von denen er einige auch namentlich nennt wie Phoebe, Prisca, Junia und andere (vgl. Röm 16,1–16). Die revidierte Einheitsübersetzung fügt an einigen Stellen die Schwestern nun explizit ein, über-setzt vom damals Üblichen zum heute Üblichen.

Die Lektionare setzen noch ein weiteres Signal in Richtung Geschlechtergerechtigkeit. Waren die Paulusbriefe bislang überschrieben mit den Worten „Brief des Apostel Paulus an die Römer", Korinther etc., heißt es jetzt „Brief des Apostels Paulus an die Gemeinde in Rom" etc. Die Stadtgemeinden werden einerseits nicht mehr auf ihre männlichen Mitglieder reduziert, andererseits kommt so ihre Gemeinschaft zum Ausdruck. Die Schwestern und Brüder sind als Kirche zusammengerufen (das griechische Wort für Kirche, Ekklesia, bedeutet: die Herausgerufene). Sie versammelten sich in großen Privathäusern, da es noch keine Kirchenbauten gab. Man darf sie sich vorstellen als Gebäude, die durch Mauern von der Straße abgegrenzt waren, mit einem Eingang, der in ein Atrium mit Innenhof führte, um den diverse Räume lagen. Eine Treppe führte in den ersten Stock. Ein größerer Raum diente für Versammlungen wie etwa Gottesdienste, andere für Glaubensunterweisung. Die Gemeinden lebten als Hauskirchen. Liturgie, Verkündigung und Diakonie gingen dem Anspruch nach zusammen, in Wirklichkeit nicht immer.

Die Gemeinschaft und Einheit als Schwestern und Brüder wurzelt in der Taufe. Durch die Taufe auf den Namen Jesu sind sie untrennbar mit ihm verbunden und darum auch untereinander. Als Getaufte sind sie Glieder an einem Leib, in Christus sind sie Schwestern und Brüder. Sie haben sich die anderen ebenso wenig ausgesucht, wie es bei natürlichen Geschwistern der Fall ist. Wie diese dürfen und sollen sie sich als Gabe wechselseitig schätzen und lieben. Das klappt nicht immer – in der Kirche damals wie heute und im normalen Leben. Paulus ruft sie gelegentlich zur Räson oder legt ihnen den Dienst der Versöhnung ans Herz. Das alles gilt auch für die Schwestern und Brüder, die sich heute versammeln und die seine Briefe durch die Stimme des Lektors oder der Lektorin empfangen.

Nun könnte man die beiden Zeilen „An die Gemeinde in …" und „Schwestern und Brüder" schlicht als Überschriften nehmen, was sie ja auch sind. Ich kann als Lektorin aber auch mit meiner Vorstellungskraft in die Ursprungssituation zurückgehen, mir vorstellen, wie ich in den Innenhof des Atriums gehe, den alten Mann sehe, der beim letzten Mal schon hier war, eine Sklavin, die gerade die Körbe abstellt, die sie danach auf dem Markt füllen wird, Prisca und Aquila, die ihre Gäste herzlich empfangen, die Geräuschkulisse und den Geruch der Menschen … Sie alle sind Schwestern und Brüder in Christus. So eingestimmt kann ich am Ambo stehend vor dem Beginn der Lesung meinen Blick durch die Bankreihen schweifen lassen zu den Frauen und Männern, die heute gekommen sind: Sie alle sind meine Schwestern und Brüder.

Hallelujaruf und Evangelium

Gute Gastgeber bereiten den Höhepunkt des Festes vor. Von der Suppe gibt's nur ein kleines Schüsselchen. Wenn der Hauptgang ein Fleischgericht ist, stehen davor Fisch, Geflügel, Salat oder Gemüsevorspeisen, auf keinen Fall das gleiche Fleisch. Die Gerichte stehen nicht von Beginn an auf dem Tisch, sondern kommen nacheinander in Gängen, zwischen denen etwas Zeit vergeht. Am Tisch des Wortes ist das Evangelium der Hauptgang, auf den die vorausgehenden Wort-, Gesangs- und Zeichenelemente sorgfältig vorbereiten. Eucharistie- und Wort-Gottes-Feier entsprechen sich hier, aber sie unterscheiden sich auch, insbesondere wenn die Prozession mit dem Lektionar so erfolgte, wie sie das Schweizer Feierbuch vorsieht.

Mit dem Halleluja (oder in der Österlichen Bußzeit mit dem Christusruf) beginnt innerhalb der Wortverkündigung ein neuer Gang. Das hebräische Wort *hallelu-Jah* setzt sich zusammen aus der Aufforderung zum Loben oder Preisen *(hallelu)* und dem Empfänger des Lobes. *Jah* ist eine Kurzform des Gottesnamens JHWH. Der Jubelruf findet sich vor allem im Psalter, ganz besonders häufig in den vier letzten Psalmen (Ps 146–150) – ein fulminantes Finale.

Das Neue Testament und die liturgische Tradition behalten das hebräische Wort unverändert bei. In der himmlischen Thronszene Offb 19,1–10 kommt es viermal vor, mal als Lob Gottes auf dem Thron (V. 1, 3, 4), mal als Preis dessen, der König geworden ist und über die ganze Schöpfung herrscht (V. 6), des eschatologischen Lamms, zu dessen Hochzeitsmahl die Geretteten eingeladen sind (V. 7, 9). Das Halleluja ist der österliche Ruf jener, die vor Gott leben. Das nimmt die Linie von Ps 115,17 f. auf – „Nicht die Toten loben den Herrn, keiner, der ins Schweigen hinabsteigt. Wir aber preisen den Herrn, von nun an bis in Ewigkeit. Halleluja!“ – und verlängert sie in die Unendlichkeit des Himmels. In der Eucharistie- wie der Wort-Gottes-Feier gilt das Halleluja also dem Auferstandenen und zum Vater Erhöhten. Dass man in diesen Jubel nicht im Sitzen einschwingen kann, versteht sich von selbst. Alle erheben sich. Als österlich aufgerichtete Menschen stehen sie vor Gott. Ebenso unmöglich ist es, das Halleluja einfach nur zu sprechen. Jubel verlangt nach Gesang – und zwar Gesang, in den alle einstimmen. Wo ein Chor mitwirkt, kann dieser das Halleluja mit einer feierlichen Chor-Coda abschließen.

Wenn das Evangelium in der Wort-Gottes-Feier aus einem Evangeliar verkündet wird, was nur das deutsch-österreichische Feierbuch als eine Möglichkeit angibt, da es dort keine entfaltete Prozession mit dem Lektionar gibt, liegt oder steht das Evangeliar auf dem Altar oder einem anderen Platz. Vor der Prozession mit dem Evangeliar muss das Lektionar vom Ambo genommen werden. Das mag nebensächlich erscheinen, doch in der Liturgie als Zeichenhandeln gilt: Alles wirkt. Oft wird das Lektionar einfach von einer Lektorin oder einem Lektor im Fach unter dem Ambo ver- oder entsorgt. Es entschwindet den Blicken der Gläubigen, was der Würde der gerade erklungenen Schriftworte nicht gerecht wird. Das Feierbuch gibt den Hinweis, dass das Lektionar nach der Lesung zum Kredenztisch gebracht wird.

Zur Evangelienprozession nimmt die Vorsteherin oder der Vorsteher das festliche Evangeliar vom Altar oder einem anderen Platz und schreitet während des Hallelujas, begleitet von Ministrantinnen und Ministranten mit Leuchtern und gegebenenfalls mit Weihrauchfass, zum Ambo. Das Halleluja jubelt gleichsam Christus zu, der durch sein Volk zieht.

Diese Form gleicht der Prozession mit dem Evangeliar in der Eucharistiefeier. Sie hebt das Evangelium als den Höhepunkt der Schriftlesungen stark hervor, was eine inszenatorische Minderung der anderen Lesungen verstärkt und damit ein Signal setzt. Die Prozession mit dem Lektionar vor der ersten Lesung betont dagegen die Einheit der Schrift als Wort Gottes, kennt aber sehr wohl eine Steigerung zum Evangelium hin. Beides ist theologisch sinnvoll und möglich. Eine Option wäre, die Evangelienprozession entsprechend ihrer historischen Entstehung für die Eucharistiefeier zu reservieren, während die Prozession mit dem Lektionar vor der ersten Lesung nur in der Wort-Gottes-Feier vorgesehen wird.

Wenn das Lektionar das einzige Medium der Schriftverkündigung in der Wort-Gottes-Feier ist, befindet es sich beim Halleluja bzw. Christusruf bereits am Ambo. Weil das Halleluja Christus gilt, sollte sich die Leiterin oder der Vorsteher in diesem Fall erst nach dem Verklingen des Gesangs an den Ambo begeben, da der Jubel nicht ihnen gilt. Ministrantinnen und Ministranten können während der Verkündigung des Evangeliums mit Leuchtern neben dem Ambo stehen.

Die Verkündigung beginnt mit der Ansage: „Aus dem heiligen Evangelium nach …" und der Antwort „Ehre sei dir, o Herr." Dabei bezeichnen sich alle mit dem kleinen Kreuzzeichen auf die Stirn, den Mund und das Herz. Das Zeichen auf der Stirn erinnert an das Siegel, das biblisch Schutz verheißt (vgl. Ez 9,4–6) und das die durch das Lamm Geretteten tragen (vgl. Offb 7,1–8), mit dem schließlich Menschen in der Taufe besiegelt werden und Segen empfangen. Jetzt erhalten sie Gottes Wort als Nahrung und nehmen es im Herzen auf. Nach dem Kreuzzeichen kann das Lektionar oder Evangeliar mit Weihrauch inzensiert werden. Weihrauch wurde in der Antike Herrschern oder anderen Würdenträgern vorangetragen. Hier wird Christus die Ehre erwiesen.

Der Halleluja- oder Christusruf, das Stehen, gegebenenfalls eine Prozession mit Evangeliar und Leuchtern, das Kreuzzeichen und der Weihrauch bereiten den Höhepunkt vor und weisen voraus auf das, was jetzt geschieht: Der in den Himmel zum Vater erhöhte Herr verkündet die Herrschaft des Himmels, die Botschaft vom Reich Gottes, das schon angebrochen ist und sich vom Ende der Zeiten her im Hier und Jetzt der Feier ereignet und die Getauften mit Leben erfüllt.

„Denn heute hast du zu uns gesprochen …“

Christus ist gegenwärtig, wenn die Heilige Schrift in der Liturgie verkündigt wird. Gegenwart im Sprechen – Gegenwart im Hören. Jetzt sind die Worte verklungen. Worte sind flüchtig. Man kann sie nicht zum Stehen bringen. Ist Christus jetzt nicht mehr gegenwärtig? Oder ist er im gehörten Wort, im aufgenommenen Wort inmitten der Feiernden noch immer da? Wirkt das Wort jetzt in jedem und jeder Einzelnen und allen zusammen auf verborgene Weise? Das Schweizer Feierbuch unternimmt einen Deutungsversuch mit einem in jeder Feier gleichbleibenden Gebet.

Nach der Verkündigung des Evangeliums, dem Zuruf „Evangelium unseres Herrn Jesus Christus“ mit der Antwort „Lob sei dir Christus“ und dem Zeigen des Lektionars erklingt noch einmal das Halleluja (oder der Christusruf). Dann trägt die Vorsteherin oder der Leiter das Buch, begleitet von Ministrantinnen und Ministranten mit Leuchtern, zurück zum Ort des Buches. Dort bleibt es aufgeschlagen liegen. Der Bogen, der mit der Prozession zum Ambo begonnen hatte, schließt sich. Der öffnenden Ansage „Sei gegrüßt …“ entspricht nun ein schließendes Gebet. Es deutet, was geschehen ist, und antwortet damit zugleich auf das Wort des Evangeliums:

„Gepriesen bist du, Herr, unser Gott,
denn heute hast du zu uns gesprochen
durch das Wort des Evangeliums.
Dein Wort fordert uns heraus,
dein Wort festigt unsere Hoffnung.
Gepriesen sei dein heiliger Name,

Vater, Sohn und Heiliger Geist."
„Amen." (CH S. 45)

Die Formel „Gepriesen bist du, Herr ..." gibt es schon im Alten Testament. Sie ist Antwort auf das, was von Gott kommt, was er schenkt, womit er die Menschen segnet. Im Judentum wurde sie mit unzähligen Motiven zu einer Grundform des Betens, der Berakah. Wenn Paulus sagt: „Dankt für alles" (1 Thess 5,18), meint er diese antwortende Gebetshaltung. An dieser Stelle antworten die Gläubigen auf die Gabe des Wortes, genauer: des Wortes, das heute an sie erging von einem, der lebt und noch immer zu den Menschen spricht, der selber Wort ist.

Der nächste Satz verweist auf das Wirken des Wortes. Er lässt sich auf die Worte (Plural) des Evangeliums ebenso beziehen wie auf das Wort (Singular) in Person, Jesus. Die Botschaft Jesu, das Evangelium, ist kein Schmusekurs. Er fordert Umkehr, Nachfolge, die nicht zurückschaut, radikales Gottvertrauen, stellt unbequeme Forderungen an das Verhalten, macht Vollkommenheit zum Maßstab und kündigt Gericht an. Zugleich holt er Ausgegrenzte in die Gemeinschaft zurück, heilt Kranke, vergibt Sünden, gibt sich für die Menschen hin und überwindet für alle den Tod, stiftet mit seiner Auferstehung Hoffnung auf eine Lebensfülle, die es außer in ihm nirgends gibt. Etwas davon hat das Evangelium des Tages erzählt. Und das wirkt nun in den Hörenden nach – mal herausfordernder, mal hoffnungsfroher – als Wort, das in sie eingeht und von innen her wandeln kann und will. Dieser Prozess geht über die verklungenen Worte hinaus. Das aufgeschlagene Lektionar verweist auf das gehörte und bleibende Wort, es ist auch hier Symbol für Christus.

Der letzte Satz nimmt die ersten Worte wieder auf und variiert sie. Der Lobpreis des Namens – „geheiligt werde dein Name" – verbindet Juden und Christen. Die Anrufung des einen Gottes in drei Personen bringt das spezifisch Christliche zum Ausdruck, die Trinität als unvorstellbare Liebes- und Lebensgemeinschaft in Gott.

Predigt

An die Predigt richten sich viele und hohe Erwartungen. Umfragen zeigen das seit Jahren. Leider zeigen sie zugleich viel Unzufriedenheit. Auch diejenigen, die predigen dürfen oder müssen, fühlen sich durch diesen Teil der Liturgie gefordert. Das wird unabhängig davon sein, ob man die Rede des Vorstehers oder der Leiterin Predigt, Homilie, Auslegung oder Deutung des Wortes Gottes nennt oder von einem geistlichen Impuls oder Glaubenszeugnis spricht. Ich will die Messlatte keinesfalls noch höher legen. Ansprüche und Anspruchshaltungen tragen zu positiven Veränderungen meist nicht viel bei. Wenn eine Leiterin oder ein Vorsteher an dieser Stelle kurz nach dem Höhepunkt der Verkündigung das Wort ergreift, erwarte ich allerdings, dass er oder sie etwas zu den Lesungen zu sagen hat. Alltagsweisheit, Tagespolitik, aktuelle Anlässe in der Pfarrei – schön und gut, wenn es einen Zusammenhang mit der biblischen Botschaft dieses Tages hat, mit Betonung auf „wenn".

Die Dramaturgie der Wort-Gottes-Feier bringt die biblischen Lesungen richtig groß raus. Das Hören der göttlichen Stimme zwischen den vielen Wörtern soll ermöglicht werden, ein Dialog zwischen Gott und den Menschen, das Wort soll Ereignis werden, d. h. es soll etwas geschehen, die Gläubigen sollen anders aus dem Gottesdienst herausgehen, als sie hineingekommen sind. Was Gott ihnen durch das Wort schenkt, kann, darf und soll sie verändern. Das geht nicht nur mit Streicheleinheiten. Eine Provokation ist zuweilen wirksamer. Zuwendung in Gestalt von Sündenvergebung, Heilung, Lösen von Gebundenheit, Gehört- und Gesehen-werden von Jesus erfahren in den Evangelien meist die Menschen am religiösen und gesellschaftlichen Rand. Mit den eigenen Leuten, den Pharisäern und Sadduzäern legt sich Jesus dagegen regelmäßig an. Das Wort in Person ist ausgesprochen konfliktfreudig, zumindest zeigen ihn die Evangelien so.

Mit den Seinen, den Freundinnen und Freunden pflegt er einen anderen Ton. Auf dem Weg nach Emmaus sprechen zwei Jünger über die verstörenden Ereignisse der letzten Tage. Jesus tritt hinzu, erklärt ihnen aus den Schriften – also aus denen des Ersten Testaments –, was geschehen ist. Es ist ein vertrauensvolles Gespräch. Im Fachbegriff „Homilie", der eine bestimmte Art von Predigt bezeichnet, steckt das Verb *homilein*: vertraut miteinander reden. Ist das nicht die einfachste Form einer Predigt: Menschen reden vertraut miteinander über eine der Lesungen oder über Jesus, wie er sich an dem Sonntag gerade zu erkennen gibt, oder über das, was sie an ihm besser verstehen durch das Hören der alttestamentlichen Lesung? Vertrauensvoll erzählen oder fragen sie nach den Glaubenserfahrungen, die sich in den alten biblischen Geschichten niedergeschlagen haben. Sie suchen gemeinsam danach, was das heute heißen kann in einer so anderen Lebenswelt.

Eine Homilie im Sinne eines solchen vertrauensvollen Miteinanderredens ist im Kirchenraum nicht so einfach möglich; das passiert eher beim Bibelteilen. Die Leiterin oder der Vorsteher kann aber sehr wohl ein vertrauensvolles Gespräch mit den Gläubigen aufnehmen, selbst dann, wenn nur sie oder er spricht. Was wäre dafür notwendig? Das genaue, meditierende Hören der Lesungen ein paar Tage vor der Wort-Gottes-Feier zum Beispiel. Die Bereitschaft, sich durch die Bibel in Frage stellen zu lassen. Genügend Zeit, um etwas zum biblischen Text nachzulesen. Der Wunsch, etwas von dem, was sich in der Beschäftigung mit den Lesungen verändert, mit den Schwestern und Brüdern in den Kirchenbänken zu teilen. Die Gewissheit, das Jesus durch den Heiligen Geist Teil dieses vertrauensvollen Gesprächs ist und das Entscheidende selbst erschließen wird. Dann kann es passieren, dass die Gläubigen durch die Worte der Predigenden zu Jesus geführt werden, ihn erkennen, sich verändern und schließlich erfüllt von Freude nach Hause zurückkehren.

AUF DAS WORT ANTWORTEN – ZEICHENHANDLUNG UND LOBPREIS

Verehrung des Wortes

Worte kann man würdigen oder schätzen, verehren kann man sie nicht. Anders verhält es sich mit dem Wort Gottes in Person. Das Lektionar, das Evangeliar oder die Bibel verweisen auf ihn. Beide Feierbücher schlagen als Zeichenhandlung eine Verehrung des Wortes vor. Die Pastorale Einführung in das Schweizer Buch erläutert das:

„Die Verbindung einer Wort-Gottes-Feier mit einer Verehrung des Wortes in Gestalt des Lektionars ist der unmittelbarste Antwortakt auf die Verkündigung. Dabei wird nicht das Buch verehrt, sondern Jesus Christus, der aus der Schrift spricht. In der Liturgie werden nie Gegenstände verehrt, sondern immer der gegenwärtige Herr. So machen ‚auch die Bücher, aus denen das Wort Gottes gelesen wird, den Hörern die Gegenwart Gottes bewusst, der zu seinem Volk spricht'" (Nr. 15 mit Zitat aus der Pastoralen Einführung in das Messlektionar).

Das deutsch-österreichische Buch verweist auf Jesus Christus, der in seinem Wort gegenwärtig ist, wenn die heiligen Schriften gelesen werden (vgl. SC Nr. 7). Das Wort, das verehrt wird, ist das Wort in Person, Jesus Christus.

Die Verehrung des Wortes in Gestalt der Schrift ist fest verwurzelt in der Worttheologie des Zweiten Vatikanischen Konzils, besonders dicht in der Konstitution über die göttliche Offenbarung *Dei Verbum*: „Die Kirche hat die Heiligen Schriften immer verehrt wie den Herrenleib selbst, weil sie, vor allem in der heiligen Liturgie, vom Tisch des Wortes Gottes wie des Leibes Christi ohne Unterlass das Brot des Lebens nimmt und den Gläubigen reicht. … In den Heiligen Büchern kommt ja der Vater, der im Himmel ist, seinen Kindern in Liebe entgegen und nimmt mit ihnen das Gespräch auf." (Nr. 21) Die Konstitution schließt mit den Worten: „Wie das Leben der Kirche sich mehrt durch die ständige Teilnahme am eucharistischen Geheimnis, so darf man neuen Antrieb für das geistliche Leben erhoffen aus der gesteigerten Verehrung des Wortes Gottes, welches ‚bleibt in Ewigkeit' (Jes 40,8; vgl. 1 Petr 1,23–25)." (Nr. 26)

Beide Stellen parallelisieren die Eucharistie und das Wort Gottes. Das gibt der Wortverkündigung ein Gewicht, das sie bis dahin nicht hatte und im gläubigen Bewusstsein vieler katholischer Christinnen und Christen bis heute nicht hat. Das gegenreformatorische Erbe wirkt lange nach. Eine aus der Schrift genährte Spiritualität wie das Bibelteilen in kleinen Gemeinschaften ist eine große Bereicherung. Sie stößt in diesen Gruppen Veränderungen im Glauben und im Leben an.

Die Fremdheit wie die Antriebskraft der biblischen Botschaft sind Größen, die es zu bedenken gilt, wenn die Gläubigen nach der Schriftverkündigung eingeladen werden, nach vorne zum Ort des Buches zu kommen und Christus zu verehren, indem sie sich vor dem Lektionar, dem Evangeliar oder der Bibel verneigen, und es mit der Hand zu berühren, sofern sie das möchten. Einfacher dürfte die im Schweizer Feierbuch als Variante angeführte Verehrung mit Kerzendarbringung sein. Das ist vielen aus anderen Feiern vertraut. Hier geht es nicht einfach um Lichtsymbolik, sondern darum, Christus zu ehren durch das Aufstellen der Kerze vor dem Buch. In der Einladung zur Zeichenhandlung schlägt die Vorsteherin bzw. der Leiter vor, zusammen mit der Kerze den persönlichen Dank oder die Bitte vor Christus zu tragen. Insbesondere dann, wenn sich der Dank oder die Bitte an den Schriftlesungen entzünden, wird die Verehrung mit Kerzendarbringung zur persönlichen Antwort auf das Wort der Schrift. Die vielen Kerzen werden zum Zeichen, dass der im Wort gegenwärtige Herr in den Einzelnen und in der ganzen Gemeinschaft wirkt.

Zuspruch eines biblischen Wortes

Eine Kollegin erhielt einige Zeit nach einer Wort-Gottes-Feier einen Brief ihres Generalvikars. Eine Frau, die als Touristin bei ihr in der Pfarrei mitgefeiert hatte, hatte dem Bischof geschrieben. Das verheißt normalerweise nichts Gutes. Tatsächlich aber bedankte sie sich für ein einfaches, kleines Zeichen, das sie in dieser Feier empfangen hatte. Und es heißt sicher etwas, wenn jemand dafür einem Bischof schreibt!

Die Pastorale Einführung in das Schweizer Feierbuch beschreibt den Sinn dieses Zeichens folgendermaßen: „Das Wort Gottes ist Nahrung auf dem geistlichen Weg. Die Mitfeiernden erfahren das besonders eindrücklich, wenn ihnen ein Satz aus den Lesungen des Tages oder ein anderes biblisches Wort persönlich zugesprochen wird. Die Antwort auf das Wort der Schrift ist das Leben aus diesem Zuspruch." (Nr. 31) Etwas davon scheint die Touristin erfahren zu haben.

Bei dieser Zeichenhandlung werden die Feiernden eingeladen, nach vorne, zum Ort des Buches zu kommen, sich gegebenenfalls davor zu verneigen; sie treten dann vor die Leiterin oder den Vorsteher und vor die Lektorin oder den Lektor, wenn viele Personen anwesend sind. Diese stehen mit etwas Abstand links und rechts neben dem Ort des Buches. Sie sprechen das kurze Schriftwort möglichst auswendig, auf jeden Fall aber mit Blickkontakt jeder einzelnen Person zu. Meiner Erfahrung nach ist das ein sehr persönliches, beinahe intimes, immer emotional berührendes Geschehen und zwar für die zusprechende wie die empfangende Person. Leise Instrumentalmusik verstärkt die Atmosphäre noch zusätzlich.

Ich habe immer wieder erlebt, dass jemand mit „Amen" oder „Danke" auf den Zuspruch des Wortes geantwortet hat. Ich habe auch gehört, dass Menschen sich an das Hinzutreten zur Kommunion und den Empfang des eucharistischen Brotes erinnert fühlen. Dann ist das passiert, was im Abschnitt über das Wort als Nahrung „Wortkommunion“ genannt wurde. Sie empfangen es wie Nahrung, nehmen es auf, verdauen es und leben davon. Dazu ist es wichtig, den Feiernden das Wort auf einer Karte etwa im Visitenkartenformat mitzugeben. Das können Ministrantinnen und Ministranten übernehmen. Oder die Karten liegen zum Mitnehmen in einem Körbchen. Manchmal fragt jemand nach einer zusätzlichen Karte, um sie etwa einem kranken Menschen zu bringen. Zuweilen begleiten die Karten jemanden über Wochen, z. B. im Portemonnaie.

Die biblischen Worte müssen so gewählt sein, dass sie auch sprachlich die Form eines Zuspruchs oder einer stärkenden Aufforderung haben. Sie sollten möglichst in der 2. Person formuliert sein. Wenn sich in den Lesungen des Tages keine passenden Worte finden, können auch andere verwendet werden, die in viele Situationen passen wie etwa „Dein Gott ist ein barmherziger Gott“ (Dtn 4,31) oder „Freut euch zu jeder Zeit“ (1 Thess 5,16). Manchmal hilft auch eine Einleitungsformel, um ein Wort aus der Lesung zu verwenden: „So spricht der Prophet …“. Und wenn gleich mehrere Schriftworte passen? Man kann natürlich zwei verwenden, wenn zwei Personen die Worte zusprechen. Vielleicht holen sich einzelne Gläubige dann beide, wie ich einmal erlebte. Oder man wählt am Jahresbeginn oder zu Beginn der Österlichen Bußzeit viele verschiedene, so dass sie zum „zufällig“ geschenkten Wegbegleiter für diese Zeit werden. Wenn alle dasselbe Wort empfangen, passiert jedoch noch etwas anderes: Jede und jeder hört das Wort mehrfach, hört, wie es die anderen empfangen. Dasselbe Wort verbindet sie. Auch das ist Wortkommunion: Die Feiernden teilen dasselbe Schriftwort und werden darin eins. Das stärkt das Fundament der Kirche als „Haus des Wortes“.

Taufgedächtnis

Das Taufgedächtnis gehört zu den liturgischen Feiern, die ich besonders liebe. Damit meine ich weniger das sonntägliche Asperges, also die Besprengung mit Weihwasser am Beginn einer Eucharistiefeier oder als Form A in der Wort-Gottes-Feier im deutsch-österreichischen Feierbuch, und auch nicht die Tauferinnerung in der Osternacht nach der Taufwasserweihe. Beides ist wertvoll, aber ich habe nicht den Eindruck, dass der Wert und die Würde der eigenen Existenz als Getaufte oder Getaufter dadurch nachhaltig spürbar und bewusst vollzogen wird.

Ich werde also das Gefühl nicht los, dass so etwas wie eine Taufspiritualität nicht besonders verbreitet ist. Natürlich: Die meisten Christinnen und Christen wurden als Säuglinge getauft, können sich also nicht an ihre Taufe erinnern. Fotos oder Videos ersetzen eigene Erfahrung nicht. Mit etwas Glück gehörte ein Taufgedächtnis zu ihrer Erstkommunionvorbereitung, vielleicht haben sie bei einer Taufe eine Predigt gehört, die ihnen einen Sinn für die starke Wirklichkeit des Getauftseins erschloss. Ein eindringlich gestaltetes Taufgedächtnis sehe ich als Möglichkeit einer rituellen Vergewisserung der eigenen Taufe sowie der gemeinsamen Taufberufung, die auch den Christinnen und Christen in den Kirchen der Ökumene gilt.

Denn das ist der Punkt: Die Taufe ist eine großartige Wirklichkeit, eine Vor-Gabe, aus der Menschen jeden Tag neu leben können, weil sie sich nicht rückgängig machen lässt, sondern bleibt und auf Wachstum angelegt ist. Paulus und die deuteropaulinischen Schriften (der Epheser- und der Kolosserbrief) sagen von den Getauften, dass sie eine neue Schöpfung sind (Röm 6,4), neue Menschen (Kol 3,10), Kinder des Lichts (Eph 5,8) oder Kinder Gottes (Gal 3,26; vgl. Röm 8,14–17), deshalb nicht mehr Knechte, sondern freie Menschen, so dass ausgrenzende Ungleichheit hier nicht mehr gilt (Gal 3,28), vielmehr alle in Christus eins sind (Eph 4,4–6; 1 Kor 12,13). Die Taufe ist der österliche

Dreh- und Angelpunkt der christlichen Existenz. Alle negativen Kräfte sind durch die Auferstehung Christi von den Toten letztlich in ihre Schranken gewiesen. In ihm ist das Leben einfach stärker. Und in dieses Leben des Auferstandenen nimmt die Taufe alle Getauften hinein.

Die Vor-Gabe der neuen Schöpfung ist zu groß, als dass man sie am Tauftag ausschöpfen könnte. Im Laufe des Kirchenjahrs gibt es dafür zahlreiche Anlässe, z. B. das Fest Taufe des Herrn, die Sonntage der Osterzeit, Allerheiligen und Allerseelen, ökumenische Gottesdienste. Schritt für Schritt formt die Taufe das christliche Leben, wenn Menschen nicht nur darum wissen, sondern etwas davon sinnlich erleben. Erfahrungen stärken die Taufspiritualität; es braucht die emotionale Qualität.

Im Sinne eines Antwortakts in der Wort-Gottes-Feier beginnt das Taufgedächtnis im Schweizer Feierbuch mit dem Glaubensbekenntnis (eine etwas andere Reihenfolge hat Form B im deutsch-österreichischen Buch), gefolgt von einem Lobpreis über dem Wasser mit starken Signalworten: „Du erneuerst täglich unsere Würde." oder „Du hast uns durch die Auferstehung Jesu zu aufrechten Menschen gemacht." Zur Zeichenhandlung treten alle an den Taufbrunnen oder ein geschmücktes Gefäß mit Wasser. Entweder jede und jeder bekreuzigt sich selbst mit dem gesegneten Wasser, oder die Leiterin oder der Vorsteher zeichnet den Hinzutretenden mit Wasser ein Kreuz auf die Stirn oder in die Hand. Das kann still geschehen oder mit einem Begleitwort wie „Gottes Ja zu dir". Denn das ist ja in der Taufe geschehen: Gottes Ja zu mir, zu dir, zu uns. Auf dieses Ja-Wort nimmt eines der Segensgebete am Ende der Feier noch einmal Bezug, jetzt im Sinne einer Sendung: „In Christus bist du [Gott] das Ja der Verheißung, das Ja zu den Menschen. Schenke uns deinen Geist, auf dass auch wir zum Ja für die Menschen werden, und so für andere da sind, wie du es von uns willst. Dazu stärke uns heute und immer." (CH S. 90)

Bußakt und Versöhnung

In der Stadt, in der ich lebe, gibt es keine Wort-Gottes-Feiern. Wenn ich als Leiterin von Kursen zu Wort-Gottes-Feiern tätig bin, geht es in der der Regel um die Grundform, um die Verehrung des Wortes, den Zuspruch des Wortes und die Kommunionfeier. Selten reicht die Zeit für ein Luzernar und ein Taufgedächtnis; die Feier mit Bußakt und Versöhnung konnte ich bisher weder mitfeiern noch selber leiten. So kann ich diesen Abschnitt (noch) nicht aus eigenem Erleben schreiben. Ich warte darauf, denn ich erahne eine starke Erfahrung.

Sowohl das deutsch-österreichische wie das Schweizer Feierbuch kennen das Element Schuldbekenntnis und Vergebung bzw. Versöhnung, wenn auch in etwas unterschiedlicher ritueller Ausgestaltung. Die Pastorale Einführung in das Schweizer Feierbuch erläutert zu dieser Antworthandlung: „Die Worte der Schrift konfrontieren die Mitfeiernden immer wieder mit prophetischen Aufrufen, mit Weisungen für ein Leben aus dem Glauben und vor allem mit dem Anspruch des Evangeliums. Christinnen und Christen antworten darauf, indem sie sich vor Gott prüfen, Versagen und Schuld vor Gott tragen, sich von Gott aufrichten lassen und Vergebung empfangen. Dabei handelt es sich nicht um die sakramentale Lossprechung, sondern um eine einfache Bitte um Vergebung, in die sich die Vorsteherin oder der Vorsteher einschließt. In der Gewissheit, dass Gott die Bitten erhört, wenn sich zwei oder drei in seinem Namen versammeln, können sie ein Versöhnungswort empfangen. Als Zeichen der Versöhnung mit Gott und untereinander tauschen sie den Friedensgruß.“ (Nr. 35)

Am Beginn von Bußakt und Versöhnung steht in beiden Büchern die Einladung zu einer persönlichen Besinnung in Stille, die in das Schuldbekenntnis mündet, für das neben dem Allgemeinen Schuldbekenntnis („Ich bekenne Gott, dem Allmächtigen, und allen Brüdern und Schwestern …", s. o. im Abschnitt Schuldbekenntnis) im Schweizer Buch auch andere Formen zur Verfügung stehen. Das Wechselgebet „Schenk uns dein Erbarmen" verbindet Besinnung, Bekenntnis und Bitte:

> „Wo wir dir den Rücken zugekehrt haben, –
> *Alle*: Schenk uns, Jesus, dein Erbarmen.
> Wo wir in Gewohnheiten gefesselt waren, – schenk uns …
> Wo wir den Schmerz anderer übersehen haben, – schenk uns …" etc. (CH S. 98)

Immer folgt auf das Schuldbekenntnis die Vergebungsbitte: „Der allmächtige Gott erbarme sich unser. Er lasse uns die Sünden nach und führe uns zum ewigen Leben." Dürfen Nichtgeweihte das denn sagen? Die Antwort ist ein einfaches Ja, nicht nur aufgrund des offiziellen Charakters des liturgischen Buches, sondern sachlich begründet in der Form der Bitte, in die sich der Sprecher oder die Sprecherin einschließt. Und in der Komplet, dem Nachtgebet der Kirche, werden genau dieselben Worte nach dem Schuldbekenntnis gesprochen, nicht nur von Klerikern. In der Gewissheit, dass Gott diese Bitte erhört und Vergebung schenkt, folgt das Friedenszeichen. Versöhnung mit Gott und Versöhnung untereinander gehören zusammen.

Zusätzlich bietet die Schweizer Wort-Gottes-Feier die Möglichkeit, ein persönliches Versöhnungswort als Stärkung auf dem Weg der Umkehr und des Neubeginns zu empfangen. Es steht zwischen Vergebungsbitte und Friedenszeichen. Dazu erklingt leise Musik oder Gesang. Wer möchte, tritt vor die Vorsteherin oder den Leiter. Im Sinne einer Freundschaftsgeste können diese den Hinzutretenden eine oder beide Hände auf die Schultern legen. Das Verhältnis von Nähe oder Distanz muss sensibel wahrgenommen und geachtet werden. Die Versöhnungsworte sind schlicht und kräftigend, z. B. „Der barmherzige Gott heile und versöhne dich. Friede sei mit dir." (CH S. 100) In einer abendlichen Wort-Gottes-Feier im Advent oder in der Österlichen Bußzeit kann es eine geistliche Wegmarke sein.

Glaubensbekenntnis

„Ich glaube an dich", bedeutet so viel wie: „Du schaffst das, ich traue dir das zu." Es ist eine starke Bestätigung des anderen und hat mit mir weniger zu tun als mit ihr oder ihm. „Ich glaube dir", will sagen: „Ich vertraue dir", oder: „Ich bin davon überzeugt, dass du die Wahrheit sagst", oder: „Auch wenn die anderen dir nicht glauben, ich glaube dir." Hier geht es um Beziehung. Sie muss sich nicht auf einen wahren oder unwahren Gehalt beziehen, sondern kann als starke Vertrauensbekundung zwischen zwei Personen unmittelbar Geltung beanspruchen. So oder so, dem „Glauben" des Ich geht etwas voraus und beginnt nicht beim Ich.

Das Glaubensbekenntnis ist Beziehungsgeschehen zwischen einem Ich und Gott. Es ist Antwort auf das vorhergehende Handeln Gottes, konkret: auf sein Sprechen in den Schriftlesungen. In der Apostelgeschichte ist das Bekennen des Glaubens Antwort auf die Verkündigung der Apostel. Insofern passt es als Antwortelement in der Wort-Gottes-Feier sehr gut. Dem Glauben an Jesus Christus, an Tod und Auferstehung, folgt in der Apostelgeschichte häufig die Taufe, paradigmatisch nach der Pfingstpredigt des Petrus (Apg 2,37–41).

Historisch betrachtet ist das Glaubensbekenntnis aus dem Taufbekenntnis entstanden. Bis heute gehört es zu jeder Taufe. Erst um das Jahr 1000 wird es Teil der Eucharistiefeier. Gehört das Glaubensbekenntnis also nur zur Taufe und zur Eucharistiefeier? Nicht zwingend. Eine regelmäßige Wiederholung kann sinnvoll sein in einer Zeit, in der das Glaubensleben nicht mehr selbstverständlich ist, ja anspruchsvoller wird. Im deutsch-österreichischen Buch sind die beiden traditionellen Bekenntnisse, das Apostolische oder das sogenannte große Glaubensbekenntnis, mögliche Antwortelemente. In beiden Feierbüchern gehört es außerdem zum Taufgedächtnis. Aber wenn es nicht als Antwortelement gewählt wird, fehlt dann nicht etwas? Die beiden Feierbücher stellen diese Frage nicht. Inhaltlich nehmen manche der Lobpreisgebete Glaubensgehalte auf, wenn auch nicht im Modus des Bekennens.

Die beiden traditionellen Bekenntnisse entstanden in einer Zeit heftiger theologischer Kontroversen. Dementsprechend formulieren sie Glaubensinhalte teilweise recht theologisch (der Sohn Gottes ist „gezeugt, nicht geschaffen"). Sie benennen Eckpunkte – Vater, Sohn, Heiliger Geist, dazu die Kirche –, worüber mehr zu sagen wäre, als es das Glaubensbekenntnis tut. Zwischen „geboren aus der Jungfrau Maria" und „gelitten unter Pontius Pilatus" liegt schließlich das ganze Leben dieses Jesus von Nazaret. Viele neue Glaubensbekenntnisse behalten die ‚Eckpunkte' der drei göttlichen Personen bei, füllen sie aber konkreter und oft auch ausführlicher. Das Schweizer Feierbuch bietet außer dem Apostolischen Glaubensbekenntnis drei andere in unterschiedlichen Sprachstilen, von denen ich jeweils die Formulierungen zu einer der drei göttlichen Personen zitiere:

> „*Vorsteherin/Vorsteher*: Wir glauben an Gott, der das Licht erschaffen hat. Er will, dass wir als Kinder des Lichtes leben.
> *Lektorin/Lektor*: Das ist unser Gott.
> *Alle*: Amen."
> (Glaubensbekenntnis für die Feiern mit Kindern, CH S. 128)

> „Ich glaube an Jesus,
> Gottes menschgewordenes Wort,
> Messias der Bedrängten und Unterdrückten,
> der das Reich Gottes verkündet hat
> und gekreuzigt wurde deswegen,
> ausgeliefert wie wir der Vernichtung,
> aber am dritten Tag auferstanden,
> um weiterzuwirken für unsere Befreiung,
> bis Gott alles in allem sein wird."
> (CH S. 166; sogenanntes Credo von Kappel nach einem Text von Kurt Marti).

„Wir glauben an den Heiligen Geist,
von Gott gesandt,
unseren Tröster,
der uns reinigt und in der Gemeinde Christi sammelt.
Wir glauben an den einen Gott,
der uns liebt,
erneuert,
sendet.
Amen.“
(CH S. 165; Markus Jenny, Reformiertes Gesangbuch der deutschsprachigen Schweiz)

Lobpreisgebete

Ohne Wow-Effekt kein Lobpreis. Ohne etwas Großartiges, Besonderes, Staunenerregendes kein Wow-Effekt. Er ist Reaktion, steht nicht am Anfang. Er löst etwas aus. Die Reaktionskette läuft vom Staunenerregenden zum kurzen Ausruf „Wow!" zur Antwort an jene Person, die dieses Besondere auslöste, bis zum begeisterten Erzählen des Erlebten an andere. Zacharias und die Umstehenden erlebten ihren Wow-Effekt, als dieser nach der Geburt von Johannes und der Nennung seines Namens plötzlich wieder sprechen konnte. Er antwortete mit Lobpreis: „Gepriesen sei der Herr, der Gott Israels! Denn er hat sein Volk besucht und ihm Erlösung geschaffen …" (Lk 1,68).

In der Liturgie geht es weniger spektakulär zu – hoffentlich bewegt die Botschaft die Menschen auch heute –, auf jeden Fall sind die Wow-Effekte in sprachliche und musikalische Gestalt gebracht. Das geschieht im Lobpreis. Vor dem Staunen steht Gott oder Jesus oder der Heilige Geist mit dem, was in den Schriften der Bibel erzählt wird und was heute, in dieser Feier, Menschen innerlich in Bewegung bringt, so dass sie darauf einfach reagieren müssen. Der Lobpreis ist deshalb Teil der gemeinsamen Antwort der Feiernden auf die Verkündigung. In ihrer Reaktion nehmen die Lobpreisgebete die göttliche Botschaft auf oder sie beziehen sich stärker auf den Sonntag. Zwei Beispiele:

„Gepriesen bist du, Herr, unser Gott,
für deinen Sohn Jesus Christus:
Er ist Mensch geworden
und hat der Welt Rettung und Licht gebracht.
Er heilt die Wunden der Schöpfung,
richtet auf, was gebeugt ist,
ruft Menschen ins Reich seines Friedens."
(CH S. 55, vgl. DE S. 176)

Im Zentrum dieses Lobpreises stehen die Taten Jesu. Die folgenden Strophen erzählen von seiner Zuwendung zu den Menschen, vom Ruf in die Nachfolge, von Tod und Auferstehung. Anders der Lobpreis und Dank für das Geschenk des Sonntags:

> „Gepriesen bist du, Schöpfer der Welt:
> Am Sonntag gedenken wir deiner Güte,
> mit der du Himmel und Erde erschaffen hast.
> Du bist die Quelle und der Ursprung allen Lebens.
> Du hast am siebten Tag geruht von deinem Werk;
> du lädst auch uns nach den Tagen der Arbeit ein,
> an deiner schöpferischen Ruhe teilzuhaben.
> Du willst, dass wir das Leben feiern,
> das du uns immerfort schenkst.
> Du lässt uns ausruhen von Mühe und Hast
> und aufatmen im Blick auf deine Treue
> zu uns und allen Geschöpfen."
> (DE S. 58, vgl. CH S. 51)

Dieser Lobpreis setzt ein mit dem Sonntag als Tag der Schöpfung, dem ersten Tag der Woche, sowie dem Tag der Ruhe, dem siebten Tag. Die zweite Strophe geht aus vom Sonntag als Tag der Auferstehung und entfaltet deren Wirkungen. Bis zum Ende der Zeiten schaut die dritte Strophe.

Mit nur einer Ausnahme richten sich alle Lobpreisgebet in den Feierbüchern an Gott, den Vater. Seinem Wirken in der Geschichte mit den Menschen gilt der Lobpreis. Dass diese Geschichte bis heute reicht, bringen die Lobgebete immer wieder dadurch zum Ausdruck, dass sie von „wir" oder „uns" sprechen. Doch wie kommen die Feiernden in eine Stimmung, die sie zum Loben und Preisen animiert?

Gott loben und preisen

Lobpreis als Gebetsform braucht die gehobene Stimmung und den Schwung der Mitfeiernden. Das kann man nicht befehlen oder machen. Der Lobpreis steigt nicht aus dem Nichts empor, entspringt vielmehr dem Stehen vor dem lebendigen Gott, dem engagierten Hören seines Wortes, dem Zustimmen im zeichenhaften Tun und mündet in die nachfolgenden Formen des Antwortens im Gebet. Zweifellos ist der Lobpreis der Wort-Gottes-Feier einer ihrer Höhepunkte – und ein spezifisches Element, das andere Gottesdienste nicht verwenden. Umso wichtiger ist, den Feiernden das Einstimmen ins Tun, ins Loben und Preisen zu ermöglichen. Dazu gibt es viele Möglichkeiten.

Am Beginn des Lobpreises lädt die Leiterin oder der Vorsteher die Feiernden zum Gebet ein, z. B. mit den Worten: „Schwestern und Brüder, Christus ist da, wo zwei oder drei in seinem Namen versammelt sind. Wie er den Jüngern den Vater offenbart, so führt er auch uns durch das Wort der Schrift. Lasst uns den Herrn loben und preisen." (CH S. 55). Alle stehen. Das Stehen zeichnet besondere Momente aus: die Verkündigung des Evangeliums, das Hochgebet in der Eucharistiefeier, den Schlusssegen und eben auch den Lobpreis. Das Aufstehen signalisiert: Jetzt folgt etwas Wichtiges.

Wenn unmittelbar nach der Gebetseinladung eine kurze lobende und preisende Akklamation (d. h. ein zustimmender Ruf) im Wechsel zwischen Kantorin oder Kantor und allen erklingt, öffnet das die Versammelten für die innere Haltung des Lobpreises. Dazu eignen sich verschiedene Gebetsworte wie „Ehre Gott in der Höhe, Frieden den Menschen auf Erden." (DE S. 57), Gesänge wie „Laudate omnes gentes" (GL 386/KG 519) oder Kehrverse wie „Die Freude an Gott, Halleluja, ist unsere Kraft. Halleluja." (GL 624.5/KG 85) Sie sind in der Lage, die Feiernden durch

Schwung und Freude über sich selbst hinauszuführen und auszurichten in ihrer gemeinsamen Gebetsantwort. Zu den gesungenen Akklamationen können Ministrantinnen und Ministranten Weihrauch in eine Schale legen. Das Aufsteigen des duftenden Rauches unterstreicht das Aufsteigen des Gebets.

Jetzt setzt das Lobpreisgebet mit seinen Strophen ein. Nach jeder Strophe stimmen die Feiernden mit der Akklamation aufs Neue ein. Die Strophen werden dem Schweizer Buch zufolge in Gebetshaltung vor-(Gott)-getragen. Lobpreis legt geöffnete Hände und leicht erhobene Arme nahe. Auch das zieht die Feiernden in ihrem Gebet nach oben. Die Strophen können von einer Person gesprochen werden oder von zweien, was sich empfiehlt, z. B. von einer Vorsteherin und einem Lektor, da der Wechsel von zwei Stimmen lebendiger ist. Feierlich und damit dem Loben und Preisen förderlich ist das Sprechen über leiser Instrumentalmusik, einem sogenannten Klangteppich. Er kann die Akklamation aufnehmen und so das Bleiben im Gebet bestärken.

In einer sonntäglichen Wort-Gottes-Feier mit Kindern lassen sich die Aussagen des Gebets außerdem mit Bewegungen unterstützen. Dafür eignet sich das an Christus gerichtete Gebet im Schweizer Buch, das aufgrund seines Bildreichtums auch viele Erwachsene anspricht. Bei der zweiten Strophe können die Kinder z. B. den Arm beugen und die Muskeln anspannen (1. und 2. Zeile), ihre geöffneten Hände ausstrecken oder mit den Händen ein Korn formen (3. und 4. Zeile):

„Du bist die Kraft, die die Welt erlöst,
du bist der Halt, der uns Mut einflößt.
Du bist die Hand, die uns schützend nimmt,
du bist das Korn, das Leben gewinnt.“ (CH S. 129–130)

Der Gebetsschluss ist in beiden Feierbüchern ein erneuter Lobpreis. Im Schweizer Feierbuch ist es eine trinitarische Schlussstrophe, im deutsch-österreichischen leitet die letzte Strophe über zum Gesang des Gloria oder des Hymnus „Dir gebührt unser Lob“.

Eine weitere Gestaltungsform des Lobpreises ist denkbar, wenn z. B. an Festtagen oder bei besonderen Anlässen im Leben der Gemeinde ein Chor mitwirkt. Entsprechend dem deutsch-österreichischen Buch kann das ein auskomponiertes Gloria sein, vorstellbar sind aber auch ein Magnifikat, für das viel Literatur vorliegt, oder ein anderes Stück, das dem Jubel Ausdruck verleiht.

Fürbitten

Angenommen, ein Freund oder eine Freundin liegt im Krankenhaus. Ich besuche ihn oder sie und bitte die gemeinsamen Freunde, die erkrankte Person ebenfalls zu besuchen, eine SMS zu schreiben oder dergleichen. Jetzt sind drei Parteien im Spiel: jemand in einer Notlage; jemand, der dieser Person (wie ich) etwas Gutes tun möchte; ich selbst, die die Freunde anspricht.

Eine vergleichbare Situation gibt es auch in der Liturgie, in den Fürbitten. Die Feiernden treten gemeinsam für andere ein. Sie antworten damit zugleich auf das Wort der Verkündigung, das Hoffnung für alle Menschen begründet. Die Solidargemeinschaft im fürbittenden Gebet wurzelt tief in der Verkündigung Jesu: „Weiter sage ich euch: Alles, was zwei von euch auf Erden gemeinsam erbitten, werden sie von meinem himmlischen Vater erhalten. Denn wo zwei oder drei in meinem Namen versammelt sind, da bin ich mitten unter ihnen." (Mt 18,19–20) In der Gemeinschaft mit Christus treten alle im Gottesdienst für die Not der Welt ein. Als Getaufte leben sie hier das ihnen gemeinsame Priestertum (vgl. Allgemeine Einführung in das Messbuch Nr. 45).

Die „Notlage", die zum Anlass der Fürbitten wird, kann alles Erdenkliche betreffen, eine schwere Katastrophe oder ‚nur' eine Entscheidung, für die es Klarheit braucht. Die Betenden vertrauen darauf, dass Gott zum Guten wendet, was sie selbst nicht in der Hand haben. Das fürbittende Gebet darf wie im Fall des Krankenbesuchs weder an die Stelle meines eigenen Handelns treten, noch andere nötigen („Lass die Menschen mit gesellschaftlicher Verantwortung endlich erkennen, dass …").

Aber wie ist das tatsächlich: Wird sich die Situation verändern, wenn im Gottesdienst für Menschen gebetet wird? Kann Gott hier überhaupt eingreifen? Wenn ja: Wie macht er das? Zuerst ist zu bedenken, dass das Gute, das erbeten wird, nicht immer das ist, was wirklich hilfreich ist – auch das ist eine alltägliche Erfahrung. Es hilft, die Vaterunser-Bitte „Dein Wille geschehe" mitzuhören und zu vertrauen, dass er weiß, was im Tiefsten gut ist. Die Gebetserhörung dürfte zuweilen anders erfolgen, als die Betenden sich das vorgestellt oder gewünscht hatten. Vielleicht erfahren sie auch gar nichts von einer Wirkung. Oder sie tritt erst viel später ein, z. B. wenn jemand erst nach Monaten oder Jahren zur Annahme einer schwierigen Lebenssituation findet. Fast immer unterstützen andere diese Person, Menschen, die einfach ihrem Gewissen folgen oder nach Gottes Willen suchen. Nur sehr selten greift Gott direkt ein. Die Bibel erzählt davon, viele Heilige haben es bezeugt, manche Menschen erfahren es auch heute.

Löst dies die Schwierigkeit des nicht erhörten Gebets? Ich denke: nur teilweise. Es bleiben die Situationen, in denen eine Wende nur von Gott kommen kann – und doch nicht kommt. Wahrscheinlich berühren Menschen in dieser Erfahrung des (anscheinend oder nur scheinbar) nicht erhörten Gebets das Geheimnis Gottes. Seine Gedanken und Wege sind nicht unsere Gedanken und Wege (vgl. Jes 55,8). Manchmal überschreiten sie die Grenze von Leben und Tod auf eine Weise, die unerträglich ist. Und völlig unwahrscheinlich ist, wenn dann doch einer vom Tod zum Leben aufersteht und so Hoffnung für alle anderen schafft, Jesus.

Vielleicht ist es deshalb kein Zufall, wenn Paulus die Fürbitte für alle Menschen im Christusereignis festmacht:

> „Vor allem fordere ich zu Bitten und Gebeten, zu Fürbitte und Danksagung auf, und zwar für alle Menschen, für die Herrscher und für alle, die Macht ausüben, damit wir in aller Frömmigkeit und Rechtschaffenheit ungestört und ruhig leben können. Das ist recht und wohlgefällig vor Gott, unserem Retter; er will, dass alle Menschen gerettet werden und zur Erkenntnis der Wahrheit gelangen.
> Denn:
> Einer ist Gott,
> Einer auch Mittler zwischen Gott und Menschen:
> der Mensch Christus Jesus,
> der sich als Lösegeld hingegeben hat für alle,
> ein Zeugnis zur vorherbestimmten Zeit.“ (1 Tim 2,1–6).

Das Vaterunser

Ohne geht gar nicht!? Das Gebet des Herrn oder nach den Anfangsworten das Vaterunser bzw. Unser Vater ist nicht nur in der Eucharistiefeier, den Feiern der Sakramente, Laudes und Vesper vorgesehen, sondern auch in der Wort-Gottes-Feier. Auch in einfachen Gottesdiensten, für die es keine liturgischen Bücher braucht, fehlt es fast nie. Als wäre es nicht nur Grundgebet – auch in der täglichen, persönlichen Gebetspraxis – sondern Universalgebet: passt immer, können alle. Wirklich? Bei einem Begräbnis oder auch einer Erstkommunion kann man sich eines Besseren belehren lassen. Für andere ist es so sehr zur Routine geworden, dass sie die Worte gar nicht mehr wahrnehmen. Auch nicht schön. Welche Bedeutung hat das Vaterunser in der Wort-Gottes-Feier, wenn's denn mehr als eine bloße Konvention sein soll?

Beide Feierbücher ordnen das Vaterunser dem dritten Teil, also der Antwort auf das Wort Gottes zu, in beiden folgt es auf die Fürbitten, beide verwenden es in ihrer Grundform als letztes Gebet. Schon daraus lassen sich mehrere Antworten auf die Frage nach der Bedeutung ableiten. Die Abfolge Fürbitten – Vaterunser lässt sich über die auch sonst gebräuchliche Formel leicht erschließen: „Alle unsere Bitten und Anliegen legen wir in das Gebet unseres Herrn …" (CH S. 59). Die Bitten des Vaterunsers sind so groß, dass sie alles in sich aufnehmen können, was vorher laut oder still im eigenen Herzen vor Gott getragen wurde. Gleichzeitig erfahren sie eine Ausrichtung, denn sein Reich komme, und darin finden unsere Gebetsanliegen – hoffentlich – Erhörung, und sein Wille geschehe, was unseren menschlichen Gebetsanliegen eine Grenze setzt. Das ist wichtig.

Interessanter ist, wie sich das Vaterunser als Antwort der Gläubigen auf die Verkündigung des Wortes deuten lässt. Jedes Gebet ist eine Antwort des Menschen auf Gottes Dasein, ganz unabhängig davon, ob es Lob, Dank, Bitte oder auch Klage vor Gott trägt. In den Bitten des Vaterunsers geht es um das Reich

Gottes. Im Gottesdienst wird es in der Fassung des Matthäus-Evangeliums zitiert (Mt 6,9–13). Es steht in der Mitte der Bergpredigt, die die Grundhaltungen von Menschen vor Augen führt, die aus der Wirklichkeit von Gottes Himmelreich leben. Tertullian (gestorben nach 220) nennt das Vaterunser eine Kurzform des ganzen Evangeliums *(breviarium totius Evangelii)*. Was durch Jesus und seine Botschaft vom Reich Gottes geschieht, wird in die den Jüngern übergebene Sprachform der Bitte geformt: Er heiligt den Namen Gottes, also Gott, indem er ganz auf den Vater hin existiert und seinen Willen geschehen lässt. In ihm kommt Gottes Reich zu den Menschen. Er sorgt sich nicht um Nahrung, aber er teilt das Brot mit den vielen, vergibt Schuld, löst Menschen aus den Verstrickungen des Bösen und treibt Dämonen aus – und noch vieles mehr. Davon handelt das Evangelium, das die Feiernden gerade gehört haben.

Mit dem Vaterunser reagieren die Gläubigen also auf die Botschaft vom kommenden Reich: Sie bitten darum, dass sich diese Wirklichkeit des Reiches Gottes im Heute ihrer eigenen Zeit ereigne. Das ist möglich, weil es mit dem Tod Jesu nicht durchkreuzt wurde, vielmehr durch seine Auferstehung und Erhöhung zum Vater als endgültig und unüberbietbar gute Zukunft aller Menschen immer neu Gestalt gewinnt – im Gottesdienst, aber selbstverständlich nicht nur dort. Dieser Wirklichkeit entsprechen Menschen nicht immer, deshalb hat die Bitte „dein Wille geschehe" Gewicht. Mit der Ausrichtung auf das gekommene und bis zum Ende der Zeiten beständig kommende Reich Gottes ist das Vaterunser ein starkes Schlussgebet. Es endet mit einem Lobpreis in nur einem kurzen Satz, den eine Kirchenordnung an der Wende zum 1. Jahrhundert hinzufügte: „Denn dein ist das Reich und die Kraft und die Herrlichkeit in Ewigkeit."

Das Friedenszeichen

Frieden wird gestiftet und nicht „gemacht". Frieden kann sich niemand selbst nehmen. Man kann nicht danach greifen. Er ist unverfügbar. Kostbar. Eine immaterielle Gabe, selbst dann, wenn man Friedensangebote mit kleinen Geschenken verbindet. Oder gar „in Vorleistung tritt". Darauf kommt es nicht an. Menschen schenken Frieden und sie empfangen Frieden. Friede ist eine Beziehungswirklichkeit. Nichts kann das so gut zum Ausdruck bringen, wie offene Hände oder offene Arme auf beiden Seiten. Wer die Hände auf dem Rücken hält, könnte etwas in der Hand haben, das dem anderen gefährlich wird; man sieht es ja nicht. Geöffnete Hände packen nicht zu, sie verzichten darauf. Hände oder Arme vor dem Gesicht verbergen oder schützen, aber sie verhindern, dass jemand spürt, dass er oder sie angeschaut wird. Die Hände wegzunehmen, gibt den Raum zwischen Menschen frei. Mit offenen Händen macht man sich angreifbar. „Selig, die Frieden stiften, denn sie werden Kinder Gottes genannt werden." (Mt 5,9) Wird die oder der andere einwilligen, die Hand ergreifen, das Geschenk annehmen? Frieden zu empfangen ist keine passive Haltung. Es erfordert Zustimmung. Vom Ja-sagen zum Ergreifen der Hand ist es dann nur noch ein kleiner Schritt. Friedenszeichen sind zart und stark zugleich. Notwendig und Not wendend.

Frieden ist deshalb in der Bibel wie in anderen Religionen ein großes Thema. Schalom, das ist im Alten Testament nicht nur Friede, sondern auch Glück, Wohlergehen, Ruhe, Sicherheit. „Schalom" ist bis heute das hebräische Grußwort im Judentum, „Salem aleikum" ist das arabische. Der Auferstandene grüßt die Jünger, als er am Abend des Ostertags und acht Tage später noch einmal in ihre Mitte tritt, mit den Worten: „Friede sei mit euch!" (Joh 20,19.26) Danach zeigt er ihnen seine Hände und seine Seitenwunde. Mit offenen Händen, ungeschützt und angreifbar, steht er nach Ostern wieder vor ihnen. Die elf Jünger reagieren spontan mit Freude. Thomas, der nicht bei ihnen war, bekennt sich daraufhin zu Jesus: „Mein Herr und mein Gott." (Joh 20,28)

Noch ein drittes Mal grüßt Jesus die Seinen: „Friede sei mit euch! Wie mich der Vater gesandt hat, so sende ich euch. ... Empfangt den Heiligen Geist! Denen ihr die Sünden erlasst, denen sind sie erlassen; denen ihr sie behaltet, sind sie behalten." (Joh 20,21–23) Wer durch die Gabe des Heiligen Geistes Sünden erlässt, stiftet Frieden, stellt Gemeinschaft wieder her. Das ist die communitäre Seite des Friedensgrußes: Schalom ist auch unter den Gliedern der Kirche notwendig und Not wendend.

Angesichts dieser starken Beziehungswirklichkeit des Friedens verwundert es nicht, dass auch in Wort-Gottes-Feiern das Friedenszeichen getauscht wird. Im deutsch-österreichischen Buch geschieht das vor dem Lobpreis, Fürbitten und Vaterunser; im Schweizer Feierbuch erfolgt es in der Regel nach dem Vaterunser. Der Akzent liegt in beiden Büchern auf der Gemeinschaft stiftenden Kraft des Friedens: „In euren Herzen herrsche der Friede Christi, dazu seid ihr berufen als Glieder seines Leibes. Geben wir einander ein Zeichen dieses Friedens." (DE S. 56; CH S. 59) Alternativ bietet die Schweizer Wort-Gottes-Feier ein Gebet aus der syrisch-maronitischen Liturgie verbunden mit einer Einladung zum Friedensgruß an:

„Herr, mache unsere Herzen zu Wohnstätten des Friedens und unsere Gedanken zu einem Hafen der Ruhe. Säe in unsere Seelen Liebe zu dir und zueinander ... So werden wir einander aufrichtig den Frieden schenken und voneinander empfangen. Gebt einander ein Zeichen des Friedens und der Versöhnung." (CH S. 60)

Die offenen Hände, Arme oder auch ein Lächeln mit herzlicher Zuwendung zu den Menschen neben mir gehen über die Feier hinaus: Was die Gläubigen einander schenken und was sie voneinander empfangen, die österliche Gabe des Friedens, übt sie durch die beständige Wiederholung in jeder Eucharistie- und Wort-Gottes-Feier ein, die Hände auch im Alltag zu öffnen und einen Raum der Begegnung voller Achtung entstehen zu lassen. Der Friedensgruß in der Liturgie wird so eine Schule für die vom Frieden Christi immer mehr erfüllte christliche Existenz.

WORT-GOTTES-FEIER MIT KOMMUNIONSPENDUNG

Das Wort Gottes und die Feier der Eucharistie

Die Veränderungen durch die Liturgiereform nach dem Zweiten Vatikanischen Konzil (1962–1965) prägen das heutige Liturgieverständnis und den Vollzug so sehr, dass manches, was davor über Jahrhunderte Praxis war, schlicht unbekannt und zuweilen kaum vorstellbar ist. Anderes wirkt verborgen nach. Möglicherweise geschieht das, wenn die Kommunionspendung in der Wort-Gottes-Feier zur unreflektierten Forderung wird. Eine begründete Praxis muss nach der Einheit von Wort Gottes und Eucharistiefeier fragen.

Als die Messe noch in Latein gefeiert wurde, gab es sogenannte Volksmessbücher mit deutschen Übersetzungen zum Mitlesen oder Nachlesen. Der erste Teil der Messe stand unter der Überschrift „Vormesse", der zweite und eigentliche war überschrieben mit „Opfermesse". Zur „Vormesse" saßen manche noch im Wirtshaus. Sie kamen rechtzeitig zur „Wandlung", wenn's so richtig andächtig und feierlich wurde. Die Konzilsväter verwiesen auf die Einheit von Wortverkündigung und Eucharistiefeier („ein einziger Kultakt") und forderten, „an der ganzen Messe teilzunehmen, vor allem an Sonntagen und gebotenen Feiertagen" (SC Nr. 56). Das ist heute tatsächlich der Fall. Wenn nicht alles täuscht, gibt es hier und da noch immer die Vorstellung, „das Eigentliche" sei doch „die Wandlung", und ganz wichtig sei die Kommunion. Eine Wort-Gottes-Feier ohne Kommunionspendung geht dann gar nicht, auch wenn die Wortverkündigung heute sicher stärker gewürdigt wird als die frühere „Vormesse".

Doch wie steht es um das lebendige Empfinden der engen Verbundenheit der beiden Teile der Messe in einem „einzigen Kultakt", also der Wortverkündigung und nicht nur der „Wandlung" und der Kommunion, sondern des ganzen eucharistischen Teils der Messfeier? Wo ist der Einheitspunkt? Sicher sind unterschiedliche Antworten möglich. Man kann z. B. auf die Emmauserzählung verweisen: Im Gespräch erschließt Jesus den beiden Jüngern aus den Schriften der hebräischen Bibel den Sinn der Ereignisse in Jerusalem, im Mahl erkennen sie ihn dann. Vielleicht spiegelt das bereits die liturgische Verbindung von Wortverkündigung und Eucharistie in einer allerersten Form. Oder man verweist darauf, dass Jesus das Reich Gottes gepredigt hat und im Handeln – Heilungen und Exorzismen, Mahlfeiern … – wirksam und handgreiflich erlebbar werden ließ.

Eine weitere biblische Spur reicht bis in die Abendmahlsberichte. Alle Evangelien zeigen Jesus als einen, der immer wieder *für* Menschen eintritt, *für* Sünder und Sünderinnen, *für* Menschen am Rand der damaligen Gesellschaft. *Für* jene, die nach ihm rufen, ist er ganz da – er ist Gott *für* die Menschen. Dieses *Da-sein für andere* gehört zum Kern seiner Sendung. Von daher verwundert es nicht, dass es in den Berichten vom letzten Mahl am Abend vor seinem Tod heißt: „Das ist mein Leib *für* euch." (1 Kor 11,24; vgl. Lk 22,19; kursiv GB) und „das ist mein Blut des Bundes, das *für* viele vergossen wird zur Vergebung der Sünden" (Mt 26,28; vgl. Mk 14,24; Lk 22,20; kursiv GB). Sein *Da-sein für* erfährt im Kelchwort des Matthäus eine Ausweitung auf alle Menschen. Durch den Auftrag, ein Mahl zu seinem Gedächtnis zu feiern, in dem er selbst gegenwärtig sein wird, erweist er sich durch alle Zeiten hindurch als *Gott für die Menschen.* Die Predigt und das Handeln Jesu, das letzte Mahl vor seinem Tod und das Emmausmahl mit dem Auferstandenen bilden unter dem Siegel seines *Da-seins für* die Menschen eine Einheit. Schriftverkündigung und Eucharistiefeier als Tun zu seinem Gedächtnis setzen das fort. Die Wort-Gottes-Feier mit Kommunionspendung ist weder Tun zu seinem Gedächtnis, noch Teilhabe am Kelch, der vergossen ist für viele, noch eucharistische Vergegenwärtigung seines Sterbens für die Menschen zur Vergebung der Sünden. Dennoch: Die Verheißung seiner Gegenwart im Wort und Sakrament bleibt bestehen, auch wenn anderes fehlt.

Tut dies zu meinem Gedächtnis: nahm – dankte – brach – gab

Daran kann kein Zweifel bestehen: Jesus feierte am Abend, bevor er sterben musste, ein Mahl mit den Seinen. So oft hatte er mit ihnen gegessen. Bei anderen war er zu Gast wie im Haus des Petrus oder bei Zachäus oder bei der Hochzeit zu Kana. Als Gastgeber handelte er bei der großen Brotvermehrung. Beim Mahl erkannten ihn die Jünger nach der Auferstehung. Das Abschiedsmahl war höchstwahrscheinlich kein Pessachmahl, wie Markus, Matthäus und Lukas annehmen (vgl. Mt 26,17–19; Mk 14,12–16; Lk 22,7–13), denn dann wäre er am ersten Festtag gekreuzigt worden – ein unvorstellbarer Skandal. Ein festliches jüdisches Mahl mit Brot, verschiedenen Bechern mit Wein, mit Lobpreisgebeten über diesen Gaben war es sicher. Vielleicht sprachen sie über das Pessachfest, denn am nächsten Tag würden im Tempel die Lämmer geschlachtet und Jesus sollte zu diesem Zeitpunkt am Kreuz sterben, wie es Johannes erzählt. Um Leben und Tod ging es auch damals beim Auszug aus Ägypten. Es ist ein Fest zum Gedächtnis der großen Rettung und der Eröffnung des Wegs in die Freiheit.

Als Jude kannte Jesus die starke Kraft des festlichen Gedenkens an den hohen Festtagen. Er wusste ja, dass Gott sich Israels erinnert, wenn Israel der früheren Taten Gottes gedenkt. So wird das Erinnern am Pessachfest wieder und wieder zum Geschenk der Freiheit. Gedenken ist weit mehr als sich an etwas erinnern, an etwas Vergangenes denken, denn im Gedenken handelt Gott. Kein Wunder, dass Paulus und Lukas die Worte „Tut dies zu meinem Gedächtnis" überliefern (vgl. 1 Kor 11, 24–25.; Lk 22,19). Jesus stiftet damit ein neues wirkmächtiges Gedächtnis: Wenn die Seinen beim Mahl seiner gedenken, wird er Ihrer gedenken und aufs Neue handeln, indem er in ihrer Mitte ist und sie in die Freiheit eines neuen Lebens führt. Gedenken ist also ein wechselseitiges Tun.

Dieses Tun setzt zugleich die Mahlpraxis Jesu fort: Bei der wunderbaren Brotvermehrung, beim letzten Mahl und in Emmaus nimmt er das Brot, spricht Gott dankend den Lobpreis, bricht das Brot und gibt es den Seinen. Das Tun zum Gedächtnis geschieht also in vier Handlungsschritten: nehmen – danken – brechen – geben. Die katholische Eucharistiefeier unterscheidet sich äußerlich sicher ziemlich vom Abendmahl in einem Haus in Jerusalem um das Jahr 33 herum, die Tiefenstruktur ist jedoch dieselbe. Dem Nehmen entspricht die Gabenbereitung, dem dankenden Lobpreis das Eucharistische Hochgebet, dem Brechen die leider durch die Verwendung von Hostien stark reduzierte Brotbrechung, dem Geben die Kommunionspendung. Die eucharistische Mahlhandlung geht, wie auch jedes festliche Mahl mit Freunden, über den Empfang von Nahrung hinaus. In diese Mahlhandlung ist das Gedächtnis seines Todes und seiner Auferstehung rituell und verbal eingeschrieben.

In einer Wort-Gottes-Feier mit Kommunionspendung empfangen die Gläubigen die heilige Kommunion als Nahrung auf ihrem geistlichen Weg. Sie essen. Ein Mahl ist es nicht. Das Brot wird nicht gebrochen, das ist ja in der Eucharistiefeier geschehen, so dass der Begleitgesang zur Brotbrechung, das Agnus Dei, selbstverständlich entfällt, auch wenn es dafür zahlreiche Kompositionen gibt, die Kirchenmusizierende und Chöre zuweilen zur Aufführung bringen möchten (oder gar dieser Versuchung erliegen).

Erfüllt die Wort-Gottes-Feier den Auftrag Jesu „Tut dies zu meinem Gedächtnis“? Sie erhebt weder diesen Anspruch, noch entspricht sie ihm in der liturgischen Form. Statt vieler Worte und Handlungen nehmen die Vorsteherin oder der Leiter das Ziborium, also das Gefäß mit den konsekrierten Hostien, aus dem Tabernakel und teilen die Frucht seiner Lebenshingabe, ihn selbst in der Gestalt des eucharistischen Brots, an die Gläubigen aus. Weil Jesus nach katholischem Verständnis auch nach der Eucharistiefeier in den konsekrierten Gaben gegenwärtig bleibt, ist es möglich, das eucharistische Brot zu den Kranken und Sterbenden zu bringen oder in Wort-Gottes-Feiern auszuteilen.

Die Wort-Gottes-Feier mit Kommunionspendung ist kein Tun zum Gedächtnis. Sie ist keine Eucharistiefeier, sie kann sie nicht ersetzen, aber sie kann für die Gläubigen selbstverständlich und dennoch Nahrung sein. Wenn das unreflektiert, häufig und über einen langen Zeitraum passiert – es gibt Orte, da geht es bereits jetzt um Jahrzehnte –, muss die Sinnhaftigkeit theologisch ernsthaft geprüft werden.

Pro und contra Kommunionspendung

Diskussionen zu diesem Thema sind immer emotional. Das ist gut, weil es zeigt, wie wichtig die Kommunion für die Gläubigen ist. Zugleich kann sich darin eine Problemanzeige verbergen: Geht es um die Eucharistiefeier oder geht es „nur“ um die Kommunion? Welchen Nährwert hat das Wort Gottes, das die Gläubigen vom Tisch des Wortes empfangen, für ihr geistliches Leben? Was bedeutet es, dass den Allermeisten die Kelchkommunion nicht fehlt, und was, dass die Kommunion aus dem Tabernakel für sie normal ist? Hauptsache Kommunion!?

Im deutschen Sprachgebiet finden etwa 80–90% der Wort-Gottes-Feiern mit Kommunionspendung statt. Das ist also der Normalfall. Die Bischöfe der deutschsprachigen Schweiz gehen dagegen davon aus und empfehlen, dass die Wort-Gottes-Feier im Normalfall ohne Kommunionspendung erfolgt. Die Pastorale Einführung in das deutsch-österreichische Feierbuch spricht von „schwerwiegenden pastoralen Gründen“ (DE S. 33), die zur Verbindung mit der Kommunionfeier führen können. Die Verantwortung für die Liturgie einer Diözese liegt grundsätzlich beim Bischof, so dass es in den Bistümern unterschiedliche Regelungen gibt.

Warum sprechen sich die beiden Feierbücher – und auch zahlreiche Liturgiewissenschaftlerinnen und -wissenschaftler – gegen die Kommunionspendung aus, wenn sie doch wissen, wie es faktisch läuft? Ich sehe zwei Hauptargumentationslinien: 1. Es darf nicht zu einer Verwechslung mit der Eucharistiefeier kommen. Diese Gefahr besteht in der Deutschschweiz tatsächlich. Bei Verwendung des liturgischen Buchs „Die Wort-Gottes-Feier am Sonntag“ kann eine Verwechslung allerdings ausgeschlossen werden. 2. Anders als die Eucharistiefeier ist die Wort-Gottes-Feier mit Kommunionspendung weder Tun zu seinem Gedächtnis, noch Feier von Tod und Auferstehung oder seines Opfers am Kreuz zur Versöhnung der Welt. Doch die Wort-Gottes-Feier ist eine selbständige Feier mit eigener theologischer Dignität und Kraft, die vom göttlichen Wort ausgeht, auch ohne Kommunionspendung. Deshalb braucht die Wort-Gottes-Feier keine ‚theologische Aufwertung' durch die Kommunion. Die theologischen Gründe dürften vielen Gläubigen unbekannt oder fremd sein, obwohl sie doch Grundlagen der Eucharistiefeier bilden. Erschwerend kommt hinzu, dass eine Spiritualität, die sich aus der Heiligen Schrift speist, unter katholischen Christinnen und Christen nicht sehr stark ist. Die Predigt bietet viele Möglichkeiten, diese Lücken geistlich zu schließen und sollte auch dafür genutzt werden.

Damit sind schon einige Gründe dafür genannt, warum die Feier mit Kommunionspendung faktisch der Normalfall ist. Andere lassen sich leicht ergänzen: Wort-Gottes-Feiern wurden an vielen Orten eingeführt, wenn eine Eucharistiefeier aufgrund von Priestermangel nicht mehr möglich war. Sie wurden zum Ersatz. Und wenn schon kein Priester mehr da ist und damit keine Eucharistiefeier, dann muss doch wenigstens die Kommunionspendung möglich sein … „Sie können doch nicht die Gemeinden eucharistisch aushungern", hieß es einmal. Die Tabernakel sind in der Regel gut gefüllt. Also kann doch die Pastoralassistentin oder der Gottesdienstbeauftragte einfach zum Tabernakel gehen … Die Kommunion rückt nahe an eine Dienstleistung, auf die die Gläubigen einen Anspruch haben. Nicht im Sinne einer Dienstleistung, sondern im Sinne eines hohen geistlichen Gutes können Sakramente den Gläubigen tatsächlich nicht vorenthalten werden (vgl. c. 213 Codex Iuris Canonici). Das Leben aus der Eucharistie, das mehr ist als nur der Kommunionempfang, sollte die Herzen in dieser Frage bewegen und die Entscheidung der Verantwortlichen prägen.

Kommunionfeier als Antwort auf das Wort?

Die Kommunionspendung wird in den deutschsprachigen Feierbüchern im dritten Teil der Feier, also der Antwort auf das Wort Gottes, eingefügt. Diese Antwort besteht in verschiedenen Gebeten:

- Fürbitten und Vaterunser wie in der Grundform,
- Lobpreis im deutsch-österreichischen Feierbuch und in Form 2 des Ergänzungshefts (2021),
- feierliches Kommuniongebet im Ergänzungsheft (2007 und Form 1 im Heft von 2021) ohne einen Lobpreis.

Eine Antwort im Zeichenhandeln entfällt zugunsten der Kommunionfeier. Wie ordnet sich das in die geistliche Dynamik der Wort-Gottes-Feier ein? Man kann es der Gewohnheit zuschreiben, dass die Kommunionfeier sich wie in der Eucharistiefeier an die Wortverkündigung anschließt, und das ist nicht falsch, sie wird von vielen Gläubigen auch erwartet. Als Antwort wird man die Kommunionfeier jedoch nicht deuten können. Der eucharistischen Anbetung vor oder nach der Übertragung des Allerheiligsten zum Altar eignet zwar durch diesen ehrfürchtigen Akt der Verehrung Antwortcharakter, aber sie ist Antwort auf die Gegenwart Christi in den eucharistischen Gaben und nicht Antwort auf das Wort Gottes. Ein Gesang zur eucharistischen Anbetung kann das unterstreichen. Der Gesang des Sanctus, mit dem die Feiernden sich in der Eucharistiefeier mit der Schar der Engel verbinden, also über sich hinaus in eine transzendente Wirklichkeit erhoben werden, stimmt mit dem, was hier geschieht, nicht überein. Das Sanctus gehört – so schön die Sanctus-Gesänge oder gar die großen Vertonungen für Chor und Solisten auch sind – nicht in die Wort-Gottes-Feier. Der Empfang der Kommunion ist immer Gabe, Zuwendung Gottes in sakramentaler Verdichtung. Die Antwort ist das Amen zum Spendewort „Der Leib

Christi", auch das persönliche, stille Dankgebet der Gläubigen, danach insbesondere das Kommuniongebet oder ein einfaches Schlussgebet. Auf die Wortkommunion im Hören des Wortes Gottes folgt also die eucharistische Kommunion, die keinen Mahlcharakter hat wie die Eucharistiefeier, die aber in die Communio der Kirche hineinnimmt. Die Kommunionspendung in der Wort-Gottes-Feier sollte deshalb schlicht, aber würdig sein.

Ablauf einer Kommunionfeier

Ergänzungsheft Kommuniongebete 2021 (Form 1)*	**Deutsch-österreichisches Feierbuch**
(Schuldbekenntnis im Eröffnungsteil)	
	Antwortelement entsprechend Auswahl
	Friedenszeichen
	Lobgebet
Fürbitten	Fürbitten
Hinweis auf eucharistische Gemeinschaft Verehrung des Allerheiligsten Übertragung	Hinweis auf eucharistische Gemeinschaft Übertragung des Allerheiligsten stille Anbetung
Gebet des Herrn	Vaterunser
Friedenszeichen	
Einladung zur Kommunion und Kommunion	Einladung zur Kommunion und Kommunion
Stille	Stille – Danklied
Feierliches Kommuniongebet	Schlussgebet
Lied	

Es folgen in beiden Formen die Segensbitte, die Entlassung und der Auszug wie in der Grundform.

* Zu Form 2 und dem Ablauf in der Erstauflage des Ergänzungshefts vgl. den Ablauf in diesen Medien.

Kirchliche Communio und Kommunion

Am Brotbrechen erkannten die Jünger den Auferstandenen. Im Brechen des Brotes teilt er sich den Seinen real und gegenwärtig mit. Bis heute. Der gebrochene Leib verbindet Christinnen und Christen mit dem Auferstandenen und untereinander. Communio heißt Gemeinschaft. Die Kommunion stiftet Communio. Das gebrochene Brot ist Sakrament der Einheit. Christus ist Geber und Gabe in einem. So verbindet er durch jede Eucharistiefeier Menschen zu einem eucharistischen Leib, zur Kirche. Und was ist mit jenen, die nicht an der Eucharistiefeier teilnehmen können?

Diese Frage stellte sich schon früh. Eine Quelle aus dem 2. Jahrhundert berichtet, dass ein Diakon nach der Eucharistiefeier den Kranken und den Witwen das heilige Brot brachte. Es wurde zum Zeichen der Verbundenheit mit denen, die zusammen feierten. Die Communio reicht immer weiter als eine physische Versammlung im Kirchenraum.

Die Aufbewahrung der Eucharistie für Kranke und Sterbende blieb von der Zeit der Alten Kirche bis heute Praxis in vielen Kirchen der Ökumene. Die Aufbewahrungsgefäße und -orte für die konsekrierten Hostien veränderten sich im Laufe der Geschichte. Für die Kranken- und Sterbekommunion reichten kleine Dosen. Seit dem Spätmittelalter wurden außerdem Hostien für die eucharistische Anbetung aufbewahrt. Die strengen Nüchternheitsregeln führten bis weit ins 20. Jahrhundert dazu, dass Gläubige außerhalb der Messe die Kommunion empfingen. Die Anzahl der benötigten Hostien stieg und damit die Größe des Aufbewahrungsgefäßes. Das Zweite Vatikanische Konzil wollte den Kommunionempfang von Gläubigen vor oder nach der Eucharistiefeier beenden (Kranken- und Sterbekommunion betrifft das selbstverständlich nicht). Die Tabernakel sind indes noch immer gut gefüllt, und oft genug empfangen Gläubige sinnwidrig selbst in der Eucharistiefeier die Kommunion aus einer vor Kurzem oder vor Längerem gefeierten Messe.

Die Communio mit Christus und der Kirche schmälert das freilich nicht. Dies und das katholische Verständnis der bleibenden Gegenwart Jesu im Sakrament der Eucharistie ist die Basis für die Kommunionspendung in der Wort-Gottes-Feier. Die überleitenden Worte vor der Verehrung des Allerheiligsten bringen diese Verbundenheit mit Christus und der Kirche z. B. mit folgenden Worten zum Ausdruck:

„Wir haben die Gegenwart unseres Herrn Jesus Christus erfahren in der Verkündigung des Wortes. Das eucharistische Brot, das uns jetzt geschenkt wird, verbindet uns mit der Eucharistiefeier, die wir am vergangenen Sonntag (…) hier zuletzt gefeiert haben." (DE S. 65)

„Heute wird in vielen Pfarreien unseres Bistums und auf der ganzen Welt Eucharistie gefeiert. … Auch unsere Pfarrgemeinde ist in diese eucharistische Gemeinschaft hineingenommen und im Leib Christi mit den anderen verbunden." (Ergänzungsheft S. 8)

Die Gemeinschaft mit Christus im eucharistischen Brot ist immer ein persönliches Geschehen, aber es führt nie in die Isolation, sondern immer in die Gemeinschaft mit anderen Christinnen und Christen. Die Communio mit Nachbargemeinden kann darüber hinaus dadurch gestärkt werden, dass eine Person an diesem Ort die Eucharistie mitfeiert und die konsekrierten Hostien danach in die Wort-Gottes-Feier an einem anderen Ort überträgt.

Auch in der Eucharistiefeier gibt es die Möglichkeit, die eucharistische Gemeinschaft mit Menschen deutlich zu machen, die an einem anderen Tag in der Wort-Gottes-Feier kommunizieren. So können beispielsweise nach der Kommunionspendung die konsekrierten Hostien für die Wort-Gottes-Feier am folgenden Sonntag in einem eigenen Gefäß verwahrt werden, das nach einem einfachen Hinweis auf diese Feier zum Tabernakel gebracht wird. In einer Ostschweizer Pfarrei lautet er z. B.: „Aus dieser Feier wird der Leib Christi für jene, die an der Wort-Gottes-Feier am … teilnehmen, aufbewahrt. So sind wir miteinander verbunden." Communio und Kommunion gehören zusammen.

„Herr, ich bin nicht würdig"

„Die Würde des Menschen ist unantastbar." So beginnt das Grundgesetz der Bundesrepublik Deutschland. In der Schweiz lautet die Formulierung: „Die Würde des Menschen ist zu achten und zu schützen." Die Menschenwürde ist höchstes Rechtsgut. Kann die Liturgie dahinter zurückbleiben? Nein. Tatsächlich bereitet eine Formulierung einigen Vorstehenden und Gläubigen Mühe: „Herr, ich bin nicht würdig, dass du eingehst unter mein Dach, aber sprich nur ein Wort, so wird meine Seele gesund." Ich kenne Menschen, die in aller Stille das Wort „nicht" weglassen: „Herr, ich bin würdig …". In der Schweiz wird die Akklamation „Herr, ich bin nicht würdig" zuweilen ersetzt durch das sehr beliebte Bruder-Klausen-Gebet oder Lied: „Mein Herr und mein Gott, nimm alles von mir, was mich hindert zu dir. Mein Herr und mein Gott, gib alles mir, was mich fördert zu dir. Mein Herr und mein Gott, o nimm mich mir und gib mich ganz zu eigen dir." Bei Licht betrachtet, ist die Bitte „nimm mich mir" auch nicht ganz anspruchslos. Wie steht es also um Wert und Würde der Feiernden?

Die liturgische Formulierung zitiert den Hauptmann von Kafarnaum, der Jesus darum bittet, seinen Knecht zu heilen: „Herr, ich bin es nicht wert, dass du unter mein Dach einkehrst; aber sprich nur ein Wort, dann wird mein Diener gesund!" (Mt 8,8; vgl. Lk 7,6–7.) Andere übersetzen mit „würdig" statt „wert". Im liturgischen Gebrauch tritt an die Stelle des Dieners „meine Seele", also das Ich der Sprecherin oder des Sprechers. Um den ursprünglichen Sinn zu verstehen, muss man wissen, dass es ein römischer Hauptmann war, der zu Jesus spricht, und dass es jemand war, der von sich sagt, er sei gewohnt zu befehlen und gewohnt, dass die Soldaten seine Befehle ausführen. Dem Mann fehlt es also nicht an Selbstbewusstsein. Unwürdig meint nicht unterwürfig.

Dieser Römer tritt also mit einer Bitte an den Juden Jesus heran. Er redet ihn als *kyrios* an, und das ist im Neuen Testament nicht irgendein Herr. In der griechischen Übersetzung des Alten Testaments steht *kyrios* für den Gottesnamen, im Neuen ist es Christustitel. Der Heide bringt damit zum Ausdruck, dass er mit seiner Bitte an Jesus vor Gott steht. Die Differenz, die im „nicht wert/nicht würdig" liegt, bezeichnet also den Unterschied zwischen Gott und Mensch oder zwischen Schöpfer und Geschöpf. Der Schöpfer bringt durch sein Wort alles hervor. Immer wieder führt er Israel durch sein Wort, zuletzt sagt er es durch Jesus in Fülle aus. Die Bitte des römischen Hauptmanns „Sprich nur ein Wort" vertraut auf die schöpferische, befreiende und eben auch heilende Wortgewalt des Gottes Israels, der in der Person Jesus von Nazaret vor ihm steht. Zu ihm bekennt er sich damit.

Jesus nimmt genau das entgegen: „Einen solchen Glauben habe ich in Israel noch bei niemandem gefunden." (Mt 8,10; vgl. Lk 7,9) Und er erhört seine Bitte mit einer Formulierung, bei der man an Marias Antwort auf die Botschaft des Engels denken mag: „Es soll dir geschehen, wie du geglaubt hast." (Mt 8,13; vgl. Lk 1,38) Das alles liegt nicht unter dem Niveau der Menschenwürde, sondern gewissermaßen darüber. Im Tagesgebet von Weihnachten klingt das so: „Allmächtiger Gott, du hast den Menschen in seiner Würde wunderbar erschaffen und noch wunderbarer wiederhergestellt." (MB I S. 12)

Mit den vor dem Kommunionempfang gesprochenen Worten „Herr, ich bin nicht würdig" können Betende zum Ausdruck bringen, dass sie als Geschöpfe Gottes jetzt vor dem *kyrios* stehen. Zu ihm bekennen sie sich. Die Bitte um sein Wort rührt an die tiefsten Fundamente der Wirkmächtigkeit Gottes, an Schöpfung und wunderbare Neuschöpfung. Das eucharistische Brot ist Nahrung für jene, die in der Taufe neue Schöpfung wurden. Die Heilkraft, die in diesem Brot liegt, übersteigt die physische und psychische Gesundheit, so dringend sie auch erwünscht ist, denn dieses Brot ist „Arzneimittel der Unsterblichkeit" (Irenäus von Lyon).

„Leib Christi. – Amen.“

Wozu sagen Katholikinnen und Katholiken beim Empfang der Kommunion „Ja und Amen“? Die beiden schlichten Worte „Leib Christi“ haben Potenzial – positiv, sonst würde man sie nicht in der Liturgie verwenden, aber sie sorgen auch für Irritation oder Missverständnis. Könnte man nicht etwas anderes als Spendewort zur Kommunion verwenden? Liturgiegeschichtlich betrachtet, lässt sich die Frage bejahen: Die Spendeworte veränderten sich mehrfach. Vor dem Zweiten Vatikanischen Konzil lauteten sie: *Corpus Domini nostri Jesu Christi custodiat animam tuam in vitam aeternam. Amen,* deutsch: „Der Leib unseres Herrn Jesus Christus bewahre deine Seele zum ewigen Leben. Amen“. Das ist Bitte, Wunsch, Segen. Diese Formel blieb erhalten für die Kommunion des Priesters: „Der Leib Christi schenke mir das ewige Leben.“ Außerdem wird die Formel bei der Spendung der Wegzehrung, der Sterbekommunion, verwendet: „Der Leib Christi. – Amen. – Christus bewahre dich und führe dich zum ewigen Leben.“ Die Form von Bitte und Segen ist in dieser Situation sehr plausibel.

Papst Paul VI. änderte aufgrund von Bitten im Jahr 1964 die Spendeworte. Er griff zurück auf die Formulierung, die im 4. Jahrhundert in Syrien, Mailand und Nordafrika gebraucht wurde: „Leib Christi – Amen“ und: „Blut Christi – Amen“. Das entspricht – natürlich noch ohne das Amen – den Abendmahlsberichten der Evangelisten Matthäus (Mt 26,26.28), Markus (Mk 14,22.24) und Lukas (Lk 22,19–20). Die Bischöfe jener Zeit erklärten den Neugetauften: Die Eucharistie zu empfangen ist ein Bekenntnis zu Christus und Lebensgemeinschaft mit ihm in seinem Leib und Blut. Deshalb ist die Bekräftigung dieses Glaubens mit dem schlichten „Amen“ so wichtig.

Heute scheinen manche dieses Amen in ihrem Herzen zu sprechen (oder zu vergessen?), andere sprechen es mit beinahe stummen Lippen. Fordert das Bekenntnis zu viel? Ist dieses Brot vielleicht doch nicht oder nur im übertragenen Sinn Leib Christi? Käme das Gute, das Jesus in der Eucharistie schenken will, nicht besser zum Ausdruck durch die Worte „Brot des Lebens“? Ist das nicht verständlicher, positiver und deshalb zustimmungsfähiger? Und biblisch ist es ebenso Leib Christi, denn Jesus sagt in der sogenannten Brotrede: „Ich bin das Brot des Lebens. Eure Väter haben in der Wüste das Manna gegessen und sind gestorben. … Ich bin das lebendige Brot, das vom Himmel gekommen ist. Wer von diesem Brot isst, der wird leben in Ewigkeit. Und das Brot, das ich geben werde, ist mein Fleisch – für das Leben der Welt.“ (Joh 6,48–51) Das skandalisiert. Das Brot vom Himmel ist Brot des Lebens, ist Fleisch des Menschensohnes, ist Leib Christi.

Trotz dieses scheinbar schockierenden Realismus geht es nicht um das Essen von Menschenfleisch, um Kannibalismus. Fleisch steht hier für den ganzen Menschen. Auch heute meint die Wendung „ein Mensch aus Fleisch und Blut“ eine reale, lebendige Person, ein Ich. Ersetzt man Fleisch durch „Ich“ lautet der letzte Vers: „Das Brot, das ich geben werde, bin ich – für das Leben der Welt.“ Ähnliches gilt für das Wort Leib: Es bezeichnet den ganzen Menschen, also wiederum ein Ich. Wenn Jesus über dem gebrochenen Brot spricht: „Das ist mein Leib für euch“, heißt es nichts anderes als „Das bin ich für euch“. Seine Liebe zu den Menschen und seine Hingabe bis zuletzt verbindet er mit dem Grundnahrungsmittel Brot. Wenn heute zu seinem Gedächtnis Eucharistie gefeiert wird, wenn er darin ganz gegenwärtig ist, dann ist es der Auferstandene, der sagt: „Das bin ich für euch“. Er ist leibhaftig auferstanden, aber seine Leiblichkeit ist radikal anders und neu. Es ist unmöglich, auf seinen einstigen irdischen Leib zu beißen. Wer heute „Amen“ sagt zum „Leib Christi“, der bekennt also seinen Glauben an Jesus Christus, der sakramental gegenwärtig ist im eucharistischen Brot, und der noch immer und immer wieder seine Liebe und Hingabe an die Menschen leben möchte.

Kommuniongebete

Ein Gebet mit Eucharistiebezug in der Wort-Gottes-Feier muss sich vom Eucharistischen Hochgebet unterscheiden, wenn es nicht zu Verwechslungen kommen soll. Zugleich ist es gebührend und recht, Gott für die Gemeinschaft mit Christus und untereinander im Empfang der Kommunion zu preisen und ihm für diese Gabe zu danken. Soll beides gleichermaßen stimmen, braucht es dafür nicht verwechselbare, eigene Gebete. Das Ergänzungsheft zum Schweizer Feierbuch bietet eine Reihe von neuen, sogenannten feierlichen Kommuniongebeten. Sie haben ihren Ort erst nach dem Kommunionempfang. Wer die Kommuniongebete dieses Hefts verwendet, lässt den Lobpreis im Antwortteil der Feier weg (Form 1 in der Neuauflage des Ergänzungshefts). Alle Kommuniongebete beginnen nämlich mit einem Lobpreis: „Gepriesen bist du, Gott unseres Lebens". Sie richten sich also immer an den Gott Israels, den Jesus seinen Vater nennt. Daran schließen sich die Motive für den Lobpreis an. Da die Kommuniongebete den Festen bzw. Festzeiten des Kirchenjahrs und dem Sonntag zugeordnet sind, kreisen diese Motive um die dafür spezifischen Inhalte, z. B. um die Erscheinungen des Auferstandenen im Kommuniongebet für die Osterzeit:

„Gepriesen bist du, Gott unseres Lebens,
denn du schenkst uns die Gemeinschaft mit dem Auferstandenen.
Die Jünger erkennen ihn, als er am See von Tiberias
noch einmal das Brot nimmt und es den Seinen gibt.
Thomas begreift im Berühren seiner Wunden.
Den Emmausjüngern zeigt er sich im Brechen des Brotes.
Gepriesen bist du damals wie heute im Geheimnis deiner Gegenwart."
(Ergänzungsheft S. 16)

Lobpreis und Dankmotive fördern die Zuversicht in das immer neue Handeln Gottes und lösen so die Bitte aus. Die meisten Kommuniongebete nehmen bei den Bitten kurz Bezug auf das Wort Gottes *und* den Empfang des Leibes Christi. Da die Kommuniongebete am Ende der Feier stehen, formulieren sie die Anliegen im Hinblick auf den Gottesdienst des Lebens, in den die Gläubigen nach dem Segen entlassen werden. Eines der Gebete für den Sonntag drückt es so aus:

> „Dankbar stehen wir vor dir und bitten dich:
> Schenke uns durch dein Wort und Sakrament die Kraft,
> wach zu bleiben für das Wirken deines Geistes,
> und Christus nachzufolgen alle Tage unseres Lebens,
> der in der Einheit des Heiligen Geistes
> mit dir lebt und Leben schenkt in Ewigkeit."
> (Ergänzungsheft S. 18)

Die Schlussformel der Kommuniongebete wechselt zwischen trinitarischen Formeln und anderen ohne expliziten Bezug auf den Heiligen Geist. In der Passionszeit lautet sie schlicht: „Durch ihn, Jesus Christus, der für uns gestorben ist und mit dir lebt und herrscht in Ewigkeit." (Ergänzungsheft S. 15) Außerdem verzichtet die Schlussformel auf die überleitenden Worte „Darum bitten wir …". Man darf darin einen Hinweis darauf finden, dass christliches Beten immer durch Jesus Christus geschieht und zwar unabhängig davon, ob es sich um Lob, Dank, Bitte oder Klage handelt, und sogar unabhängig davon, ob er genannt wird. Denn einer ist Mittler zwischen Gott und den Menschen, der Mensch Jesus Christus (vgl. 1 Tim 2,5).

Schlussgebete

Ein guter Abschluss ist etwas wert, nicht nur wenn es um Schule und Noten geht. Was am Ende steht, bleibt eher in Erinnerung als manches, was davor liegt. Ein Film muss kein Happy End haben, es gibt Filme mit offenem Ende, aber ohne ein Schlussbild kommt keiner aus. Auch umgekehrt wird ein Schuh daraus: Wenn etwas nicht endet, sind Langeweile oder Überanstrengung vorprogrammiert. Die Frage, wie ein Gottesdienst endet, ist deshalb nicht belanglos.

In der Grundform der Wort-Gottes-Feier ist das Vaterunser das letzte Gebet. In einer Feier mit Kommunionspendung folgt nach dem Vaterunser die Kommunionspendung. Deshalb braucht die Feier ein eigenes Schlussgebet. Das kann das Kommuniongebet sein oder ein anderes kurzes Gebet. Das deutsch-österreichische Buch bietet zehn Gebete zur Auswahl an, das Schweizer nur vier in einem der Anhänge – sozusagen als stille Reserve, wenn jemand ein zusätzliches Schlussgebet wünscht –, dazu noch einmal fünf in der Neuausgabe des Ergänzungshefts in Form 2.

Was kann, was soll ein einfaches, kurzes Schlussgebet leisten? Es kann den Kommunionteil der Feier abschließen oder die ganze Feier. Es kann Dank ausdrücken für die Gabe der heiligen Speise oder für Wort und Brot des Lebens oder für Glaubensgeheimnisse wie die Menschwerdung oder Tod und Auferstehung, die in der einen oder anderen Weise in jeder Feier eine Rolle spielen. Das Schlussgebet soll an der Schwelle hinaus aus der Feier das Leben der Feiernden mit Bitte begleiten. Besonders ist zu wünschen, dass zentrale Glaubensgehalte in zeitgenössischer Gebetssprache formuliert werden. Es gelingt nicht immer, auch nicht allen Gebeten der Feierbücher. Ein meines Erachtens gelungenes Beispiel stelle ich an den Schluss dieses Kapitels:

„Lasset uns beten.
Du hast Wohnung unter uns genommen, Gott,
und überall, wo Menschen leben,
bist du zugegen.
Wecke in uns die Weisheit und die Kraft,
einander aufzubauen.
Lass uns unsere Zeit nutzen,
um dich zu entdecken
und deine Größe zu loben.
Darum bitten wir durch Jesus Christus, unseren Herrn."
(CH S. 150)

GOTTES WORT HINAUSTRAGEN – ABSCHLUSS

Segensbitte

Im Segenshandeln zeigt die Liturgie einmal mehr ihre warme, den Menschen zugewandte Seite. Segen spenden zu dürfen oder Segen für alle, die zusammen sind, zu erbitten, ist etwas sehr Schönes. Ohne Zweifel ist der Segen als liturgisches Element willkommener als solche, die das Handeln und Denken von Gläubigen in Frage stellen oder die nicht einfach zu verstehen sind. Den Segen als liturgisches Wohlfühlmittel einzusetzen, wäre aber entschieden zu kurz gegriffen. Gottes Segen richtet Menschen aus auf gutes Leben, nicht auf einfaches, bequemes, unangefochtenes, sondern durchaus auf Herausforderungen, für die Gott im Mit-sein auf den menschlichen Wegen und Umwegen seine Nähe zusagt.

Paradigmatisch für das Segenshandeln Gottes ist die Berufung des Abram: „Der HERR sprach zu Abram: Geh fort aus deinem Land, aus deiner Verwandtschaft und aus deinem Vaterhaus in das Land, das ich dir zeigen werde! Ich werde dich zu einem großen Volk machen, dich segnen und deinen Namen groß machen. Ein Segen sollst du sein. Ich werde segnen, die dich segnen; wer dich verwünscht, den werde ich verfluchen. Durch dich sollen alle Sippen der Erde Segen erlangen. Da ging Abram, wie der HERR ihm gesagt hatte …" (Gen 12,1–4). Die Sendung mit der Aufforderung, alle Bindungen an das Land und den Clan hinter sich zu lassen, und der Segen lassen sich nicht trennen. Segen ereignet sich sozusagen auf der Schwelle: Etwas geht zu Ende, etwas Neues, noch Unbekanntes beginnt. Als Jesus sich vor der Himmelfahrt von den Jüngern endgültig verabschiedet, segnet er sie (Lk 24,50–52). Was danach noch alles kommen sollte, erzählt Lukas dann in der Apostelgeschichte.

Typisch für die biblische Segenstheologie ist zudem das generative Element, die Fruchtbarkeit der Menschen, die für Abram in der Verheißung von so vielen Nachkommen liegt, dass sie ein ganzes Volk bilden werden. Die Fruchtbarkeit geht im Alten Testament über die menschliche Geschlechtlichkeit hinaus: „Er [Gott] wird dich lieben, dich segnen und dich zahlreich machen. Er wird die Frucht deines Leibes und die Frucht deines Ackers segnen, dein Korn, deinen Wein und dein Öl, den Wurf deiner Rinder und den Zuwachs an Lämmern und Zicklein, in dem Land, von dem du weißt: Er hat deinen Vätern geschworen, es dir zu geben." (Dtn 7,13) Im Segen liegt die Verheißung von Fülle. Und Verantwortung. „Ein Segen sollst du sein": Abram ist nicht einfach nur für sich selbst und seine biografische Situation gesegnet, sondern für andere, denen er zum Segen wird. Er hat das nicht nur gehört, sondern er gehorcht, indem er sich auf den Weg macht und geht. Die Vorsilbe ge- kann im Deutschen als Steigerung gebraucht werden (wie bei Berg und Gebirge). Ge-horchen wird so zur Intensivform des Hörens von Gottes Stimme.

Der Schlusssegen steht an der Schwelle zwischen Feier und Alltag. Er verbindet Segen und Sendung. Er nimmt in Verantwortung, verheißt Hilfe oder Schalom, d. h. Frieden, Wohlsein, Heil. Das zielt nicht nur auf das eigene Befinden, sondern auf das gute Leben – meines, das der anderen, im Alltag, im großen Ganzen. In der Wort-Gottes-Feier hat der Schlusssegen die Form einer starken, von der Gewissheit auf Erfüllung getragenen Bitte. Ein Beispiel von vielen aus dem Schweizer Feierbuch:

> „Der Gott der Weisheit und des Friedens erneuere unsere Gedanken und schenke uns die richtigen Worte.
> *Alle:* Amen.

Der Gott der Gerechtigkeit und Stärke helfe uns, für andere einzutreten und neue Wege zu beschreiten.
Alle: Amen.
Der Gott der Güte und Freundlichkeit begleite unser Miteinander als Familie, als Freundinnen und Freunde, als Kolleginnen und Kollegen.
Alle: Amen.
Das gewähre uns der dreieinige Gott, der Vater und der Sohn und der Heilige Geist.
Alle: Amen.“ (CH S. 159)

Entlassung und Auszug

„Aufhören kann jeder, abschließen nicht." Den Satz hörte ich in einer erwachsenenpädagogischen Weiterbildung. Zum Abschließen gehören dort je nach Konzept und Dauer eines Kurses mehrere Schritte, die mal mehr den Inhalt ins Zentrum stellen oder die Gemeinschaft im Kurs oder den Transfer. Einfach aufzuhören, das würdigt nicht, was bei den einzelnen Teilnehmenden und der ganzen Gruppe durch den Lernweg passiert ist. Denn niemand geht so hinaus, wie er hereingekommen ist. Dazwischen ist etwas geschehen, hoffentlich vieles, das eine Entwicklung anstößt und positive Veränderungen bewirkt. In mehreren Schritten abzuschließen, bestärkt darin.

Auch in der Liturgie durchlaufen die Gläubigen durch die Gebete am Ende, durch die Segensbitte, die Bekreuzigung und den Entlassungsruf eine Abschlussphase. Sie darf nicht zu lang sein – also lieber keine Informationsflut bei den Mitteilungen am Ende der Feier. Gäste, denen schon in der Tür stehend immer wieder etwas Neues einfällt, das sie noch erzählen wollen, können anstrengend sein. Ein kurzer Entlassungsruf des Vorstehers oder der Leiterin mit der Antwort des Volkes genügt ganz am Ende:

„Singet Lob und Preis."
„Dank sei Gott, dem Herrn."

Diesen Abschluss verwendet auch das Stundengebet. Die ursprünglich lateinische Formel kommt mit vier Worten aus: *„Benedicamus Domino." – „Deo gratias."* Das kann man im Deutschen nicht nachmachen und daher ist die Übersetzung auch nicht wörtlich. Das Verb bene-dicere (gut-sagen, segnen) kann sowohl Gottes gutes Wort für die Feiernden, also sein Segen sein, wie das gute Wort der Feiernden an Gott. Dafür gibt es im Deutschen das altertümliche Wort benedeien. Das Wort Gottes im Segen, der in Form der erhörungsgewissen Segensbitte dem Entlassungsruf vorausgeht, und die Antwort der Gläubigen entsprechen sich. Noch einmal entsprechen sich also Wort Gottes und Antwort der Menschen. Der Vorsteher oder die Leiterin ruft die Feiernden dazu auf. Dabei wird aus „*Benedicamus Domino*/Lasst uns den Herrn benedeien" im Deutschen: „Singet Lob und Preis." Aus der kurzen lateinischen Antwort „*Deo gratias*/Gott Dank" wird „Dank sei Gott, dem Herrn." In der Wort-Gottes-Feier ist das das Schlusswort. Die Feiernden richten sich noch einmal aus: a-dieu, zu Gott hin. Damit ist alles gesagt, was gesagt werden muss.

Aber es ist noch nicht alles getan, denn der Vorsteher oder die Leiterin und die liturgischen Dienste sammeln sich nun vor dem Ort des Buches oder vor dem Altar, verneigen sich und ziehen in derselben Reihenfolge aus, in der sie auch eingezogen sind. Es erklingt Gesang oder Instrumentalmusik. Das Lektionar bleibt geöffnet liegen. Christus zieht nicht aus. Würde das Lektionar beim Auszug mitgetragen, könnte es zu diesem Missverständnis kommen. Nein, er bleibt gegenwärtig in dieser Kirche. Und er bleibt bei und in seinem Volk, bei allen, die jetzt genährt mit seinem Wort und oft auch gestärkt mit dem heiligen Brot aufstehen und über die Schwelle der Kirche ins Freie treten. Der Gottesdienst des Lebens beginnt.

GOTTESDIENST DES LEBENS

Am Anfang meines Studiums entdeckte ich eine chassidische Geschichte, die sich mir tief eingeprägt und im eigenen Erzählen wohl auch verändert hat, so dass ich sie mit meinen eigenen Worten wiedergebe: Ein Mann kommt zum Rabbi, um mit ihm einen Termin in der nächsten Woche zu vereinbaren. „Geht nicht", antwortet ihm der Rabbi. „Wieso geht das nicht?", fragt der Mann. „Ich kann es nicht", entgegnet der Rabbi. „Aber du musst doch wissen, wann du in der nächsten Woche Zeit hast." Darauf sagt der Rabbi zu ihm: „Aber davor liegt der Schabbat. Wie soll ich denn wissen, was nach dem Schabbat ist?"

Der Schabbat als Zeit des Festes und des Gottesdienstes wird zur Zäsur. Er kann so viel verändern, dass eine Terminabsprache für die Zeit nach dem Schabbat unmöglich oder sinnlos erscheint. Die Ahnung oder Erwartung, dass das Veränderungspotenzial von Gottesdienst und Festtag so stark ist, dass über das Nachher nichts gesagt werden kann, hat mich sehr beeindruckt. Auch wenn ich trotzdem Termine mache, die nach dem nächsten Gottesdienst liegen. Aber es könnte sein, dass in der Feier etwas passiert, das mich und nicht nur mich, sondern alle Feiernden zusammen radikal verändert. Wandlung: Menschen kommen anders aus dem Gottesdienst heraus, als sie hineingegangen sind. Es prägt sie. Sie treten aus der Kirchentür ins Freie. Der Gottesdienst des Lebens beginnt.

Die Pastorale Einführung in das Messlektionar liefert eine theologische Grundlage für die Möglichkeit und Erwartung eines veränderten Lebenswandels, der auf dem Hören der Schrift im Gottesdienst beruht: „Wenn Gott sein Wort mitteilt, erwartet er also immer Antwort, nämlich das Hören und die Anbetung ‚im Geist und in der Wahrheit' (Joh 4,23). Der Heilige Geist macht diese Antwort lebendig, so dass sich im Leben entfaltet, was in der Liturgie gehört wird entsprechend der Mahnung: ‚Hört das

Wort nicht nur an, sondern handelt danach' (Jak 1,22)." (Nr. 6) Die Antwort auf das Hören der Schrift reicht also weit über die liturgischen Antwortelemente hinaus, im Falle der Wort-Gottes-Feier den langen dritten Teil der Antwort auf das Wort Gottes. Sie entfaltet sich vielmehr im Leben der Gläubigen. Sie erbringen nicht Glaubens-Leistungen, sie übersetzen das Gehörte, das schon in ihnen zu wirken beginnt, in den Alltag. Dafür ist ihnen der Heilige Geist zugesagt, der im Hinblick auf Übersetzungen und Vielfalt Power hat, wie die Pfingsterzählung der Apostelgeschichte zeigt. Das Wort Gottes ist die Vor-Gabe: Zuerst empfangen Christinnen und Christen das Wort als Gabe. Es ermächtigt sie zum Handeln. *Gottesdienst ist empowerment.* Weil die Gläubigen in der Kraft des Geistes das tun können, was sie im Gottesdienst von der göttlichen Stimme gehört haben, sind sie auch in die Verantwortung des Tuns gerufen.

Nach diesem zentralen Zusammenhang von Hören des Wortes Gottes und Antworten im Handeln führt die Pastorale Einführung in das Messlektionar noch einen weiteren, ebenso gewichtigen Gedanken an, den von Partizipation am Gottesdienst und Nachfolge: „Daher nehmen die Gläubigen umso tiefer am Gottesdienst teil, je aufrichtiger sie sich bemühen, dem in Christus Mensch gewordenen Wort Gottes selbst nachzufolgen, wenn sie es im Gottesdienst verkündet hören. So versuchen sie, einerseits in ihrer Lebensführung zu bewahren, was sie im Gottesdienst feiern, und andererseits in den Gottesdienst einzubringen, was sie in ihrem Leben tun." (Nr. 6) Die Intensität der Teilnahme an der Liturgie wird tiefer mit dem Bemühen um Christusnachfolge im eigenen Leben. Damit wird das, was sich vor der Kirchentür abspielt, als absolut liturgierelevant klassifiziert. Es geht nicht nur darum, dass Liturgie und Leben nicht auseinanderfallen dürfen, was selbstverständlich sein sollte und doch nicht ist, sondern um den Dreh- und Angelpunkt von Liturgie und christlichem Leben: die Person Jesus Christus.

Dieser Zusammenhang ist tief in der christlichen Tradition verwurzelt. In der Ordensregel des heiligen Benedikt heißt es nicht nur „Dem Gottesdienst soll nichts vorgezogen werden"

(Kap. 43,3), sondern „Christus sollen sie [die Mönche] überhaupt nichts vorziehen“ (Kap. 72,11). Wenn es um Gottesdienst geht, geht es um Christus. Das Kloster ist eine Schule für die Nachfolge des Herrn. Weil es um Jesus Christus geht, lassen sich Liturgie und Leben nicht trennen. Deshalb nimmt die Tiefe der Teilnahme an der Liturgie zu, wenn Menschen in der Nachfolge wachsen, wenn Christsein zur Lebensform wird. Dazu gehört dann auch, dass sie in den Gottesdienst einbringen können, was sie in ihrem Leben tun oder was sie in ihrem Leben besonders beschäftigt. Das Gebet der Gläubigen, die Fürbitten, sind dafür ein zentraler Ort, aber ihre Bedeutung geht noch weiter, wie der lutherische Theologe Bernd Wannenwetsch aufzeigt.

Wannenwetsch situiert die ethische Dimension der Liturgie in seinem Buch „Gottesdienst als Lebensform – Ethik für Christenbürger“ (Stuttgart 1997) im größeren Zusammenhang einer christlichen Lebenskunst. Die Regeln christlichen Handelns lernen die Feiernden nicht durch Theorie, sondern durch den Vollzug liturgischer Handlungen im Sinne der Einübung einer vom christlichen Ethos getragenen Haltung. Auch die Fürbitte wird als ein solcher Lernort identifiziert. Anknüpfend an Spr 31,8 – „Tu deinen Mund auf für die Stummen“ – benennt Wannenwetsch das Eintreten für andere als eine grundlegende politische Herausforderung für Christinnen und Christen. „Solche Fürsprache hebt nun bezeichnenderweise im Gottesdienst an, in welchem Menschen lernen, anderen Menschen ihren Mund zu leihen. Fürbitte besteht nicht primär in spektakulären Aktionen, … sondern im ‚beharrlichen‘ Eintreten für andere Menschen, wie dies in der Fürbitte eingeübt wird (Eph 6,18). So wird die gottesdienstliche Fürbitte auch zur Fürsprache außerhalb des Gebets anleiten. Wer vor Gott seinen Mund für die ‚Stummen‘ auftut, vermag auch vor der Welt und ihren Mächtigen denen seine Stimme zu leihen, die keine eigene haben oder in der Welt kein Gehör finden.“ (S. 385 f.) So verstanden liegen die Fürbitte und das ganz konkrete Einstehen für andere in der Linie des Eintretens und Einstehens Jesu *für* die Menschen, von denen die Evangelien erzählen. Noch einmal zeigt sich hier, dass die Liturgie zur Einübung in die Nachfolge werden kann, die mit dem Gottesdienst des Lebens ihre unmittelbare Fortsetzung erfährt.

Noch einen weiteren Punkt macht Wannenwetsch deutlich. Er legt nämlich Wert darauf, dass es nicht nur um die individuelle christliche Existenz geht: „Im Gottesdienst geht es um nicht weniger als um eine Einübung ins Bürgersein. Der Gottesdienst als zentrales Versammlungsgeschehen der ‚Mitbürger der Heiligen' (Eph 2,19) setzt eben nicht individuelle ‚Christenmenschen' ins Verhältnis zueinander, sondern ‚Christenbürger', Menschen also, die als Glieder des Leibes Christi immer schon auf eine politische Weise aufeinander bezogen sind: von Christus, dem Haupt, regiert, dem ‚Gesetz des Herrn' (Röm 8,2) verpflichtet und zur gemeinschaftlichen Prüfung des Willens Gottes gerufen (Röm 12,2)." (S. 374)

Wenn nicht alles täuscht, ist ein individualistisches Verständnis des Gottesdienstes – der Eucharistiefeier wie der Wort-Gottes-Feier und auch neuer Feierformen – verbreitet. Menschen, die einander im Gottesdienst als Christinnen und Christen begegnen, können ihren Glauben im Alltag oftmals nicht (mehr) in christlicher Gemeinschaft, sei es als Familie, als Freundeskreis oder im Beruf leben. Wissen sie sich wirklich gerufen zur gemeinschaftlichen Prüfung des Willens Gottes? Fragen sie, was Gott ihnen allen zusammen als den Gliedern des Leibes Christi oder als Menschen des Volkes Gottes durch das Wort der Schrift gibt und ihnen als gemeinschaftliche Aufgabe übergibt? Oder was braucht es, damit aus der Gemeinschaft im Feiern eine gemeinsam verantwortete und getragene christliche Lebensform wird?

Selbstverständlich gibt es darauf mehr als eine Antwort. Sie muss den Wandel der Sozialgestalt der Kirche berücksichtigen, der sich seit mehr als fünfzig Jahren abzeichnet. Deshalb möchte ich an den Schluss ein noch uneingelöstes Wort von Karl Rahner stellen, das vom Übergang einer Kirche spricht, „die durch eine homogen christliche Gesellschaft getragen und mit ihr fast identisch war, von einer Volkskirche, zu einer Kirche …, die gebildet wird durch solche, die im Widerspruch zu ihrer Umgebung zu einer persönlich deutlich und reflex verantworteten Glaubensentscheidung sich durchgerungen haben. Eine solche Kirche wird die Kirche der Zukunft sein, oder sie würde nicht mehr sein." (Strukturwandel der Kirche als Aufgabe und Chance. Mit einer Einleitung von Michael Seewald, Freiburg i. Br. 2019, 43) Eine solche Glaubensentscheidung kann letztlich nur gegenüber einer Person getroffen werden, Jesus Christus, dem Wort in Person.

Literatur

Zitate aus der Bibel folgen, wenn nicht anders angegeben, der revidierten Einheitsübersetzung von 2016.

Liturgische Bücher

Die Wort-Gottes-Feier. Werkbuch. Herausgegeben von den Liturgischen Instituten Deutschlands und Österreichs im Auftrag der Deutschen Bischofskonferenz, der Österreichischen Bischofskonferenz und des Erzbischofs von Luxemburg. Trier 2004 (zahlreiche Nachdrucke)

Die Wort-Gottes-Feier am Sonntag. Herausgegeben vom Liturgischen Institut in Freiburg im Auftrag der Bischöfe der deutschsprachigen Schweiz. Regensburg ^{3}2021 (^{1}2014, ^{2}2015)

Feierliche Kommuniongebete für eine Wort-Gottes-Feier mit Kommunion. Ergänzungsheft zum Feierbuch DIE WORT-GOTTES-FEIER AM SONNTAG. Herausgegeben vom Liturgischen Institut der deutschsprachigen Schweiz in Freiburg im Auftrag der Bischöfe der deutschsprachigen Schweiz. Bearbeitete und ergänzte Neuauflage Regensburg 2021 (^{1}2007)

Dokumente zur Liturgie und zum Wort Gottes

Dogmatische Konstitution *Dei Verbum* über die göttliche Offenbarung (1965). Online und Download: https://www.vatican.va/archive/hist_councils/ii_vatican_council/documents/vat-ii_const_19651118_dei-verbum_ge.html

Konstitution über die heilige Liturgie *Sacrosanctum Concilium* (1963). Online und Download: https://www.vatican.va/archive/hist_councils/ii_vatican_council/documents/vat-ii_const_19631204_sacrosanctum-concilium_ge.html

Nachsynodales Apostolisches Schreiben *Verbum Domini* von Papst Benedikt XVI. über das Wort Gottes im Leben und in der Sendung der Kirche, Bonn 2010 (Verlautbarungen des Apostolischen Stuhls 187). – Download: https://www.dbk-shop.de/media/files_public/ba0547882103f6ef178c1e1e2e922b39/DBK_2187.pdf

Pastorale Einführung in das Messlektionar gemäß der Zweiten Authentischen Ausgabe des Ordo lectionum Missae (1981), in: Die Messfeier – Dokumentensammlung. Auswahl für die Praxis. Bonn [12]2015 (Arbeitshilfen Nr. 77). – Download: https://www.dbk-shop.de/media/files_public/6be4691c81b3c933fa74becab4c15732/DBK_577.pdf

Das Wort Gottes im Leben und in der Sendung der Kirche. Botschaft an das Volk Gottes der XII. Ordentlichen Generalversammlung der Bischofssynode. 24.10.2018. Nichtoffizielle Übersetzung nebst Kommentar von Egbert Ballhorn. Download: https://www.bibelwerk.de/fileadmin/verein/Bilder/Was_wir_bieten/Bibel/Bischofssynode_2008.pdf

Zum Weiterlesen

Eberhard Amon/Benedikt Kranemann (Hg.), Laien leiten Liturgie. Die Wort-Gottes-Feiern als Aufgabe und Herausforderung für die Kirche. Trier 2013

Monika Baechler u. a., Gott feiern. Liturgie verstehen und gestalten. Luzern 2022

Alexander Deeg/Alexander Zerfaß/Manuel Uder (Hg.), Liturgie und Gebet. Dimensionen eines Grundvollzugs gottesdienstlichen Feierns. Trier 2019

Birgit Jeggle-Merz u. a., Mit der Bibel die Messe verstehen. Bd. 1 (Wortgottesdienst). Stuttgart 2015

Benedikt Kranemann/Thomas Sternberg (Hg.), Wie das Wort Gottes feiern? Der Wortgottesdienst als theologische Herausforderung. Freiburg Br. u. a. 2002 (QD 194)

Benedikt Kranemann (Hg.), Die Wort-Gottes-Feier. Eine Herausforderung für Theologie, Liturgie und Pastoral. Stuttgart 2006

Liborius Olaf Lumma, Wer macht was im Gottesdienst? Die handelnden Personen und ihre Aufgaben. Theologische Erschließung. Praktische Tipps. Regensburg 2021

Thomas Söding/Marius Linnenborn (Hg.), Liturgie und Bibel. Theologie und Praxis der Verkündigung des Wortes Gottes. Trier 2020

Wort Gottes feiern. Ein Ausbildungskurs für Gottesdienstbeauftragte. Herausgegeben vom Liturgiereferat der Diözese Würzburg. Würzburg 2019

Zum Vorbereiten von Wort-Gottes-Feiern

Damit es ein Fest bleibt. Alternative Feiermodelle für die zentralen Feste im Kirchenjahr. Herausgegeben vom Liturgiereferat Linz. Erarbeitet von Albert Scalet. Regensburg 2021

Gotteslob. Dienstebuch. Hg. von Friedhelm Hofmann, unter Mitwirkung von Winfried Haunerland und Stephan Steger. Deutsches Liturgisches Institut. Trier 2015

Versammelt in seinem Namen. Tagzeitenliturgie, Wort-Gottes-Feier, Andachten an Wochentagen. Werkbuch. Herausgegeben von den Liturgischen Instituten Deutschlands, Österreichs und der Schweiz im Auftrag der Deutschen Bischofskonferenz … [et al.]. Trier 2016 ([1]2008)

Wort-Gottes-Feiern für jeden Tag. Verlag Pustet: CD-ROM- oder Online-Abo

WortGottesFeiern an allen Sonn- und Feiertagen. Schwabenverlag in Zusammenarbeit mit dem Deutschen Liturgischen Institut: CD-ROM oder Webplattform

Linkliste

Gestaltungstipps (Liturgisches Institut der deutschsprachigen Schweiz): https://www.liturgie.ch/praxis/wort-gottes-feier/tipps-fuer-die-gestaltung

Hilfsmittel zur Vorbereitung einer Wort-Gottes-Feier als umfangreiche Linksammlung (Bistum Hildesheim): https://www.bistum-hildesheim.de/fileadmin/dateien/PDFs/Gottesdiensthilfen/Hilfsmittel_Vorbereitung_WGF.pdf

Musik für die Wort-Gottes-Feier – drei Kompositionen mit Chor u. a.: https://www.dioezese-linz.at/institution/8121/service/wortgottesfeier

Tipps für Lektorinnen und Lektoren (Liturgisches Institut der deutschsprachigen Schweiz): https://www.liturgie.ch/praxis/liturgische-dienste/lektorendienst

Quellen

Das Liturgische Institut der deutschsprachigen Schweiz erteilte für die aus „Die Wort-Gottes-Feier am Sonntag“ sowie dem Ergänzungsheft „Feierliche Kommuniongebete für eine Wort-Gottes-feier mit Kommunionspendung“ entnommenen Texte die Abdruckgenehmigung. © 2021

Die Ständige Kommission für die Herausgabe der gemeinsamen liturgischen Bücher im deutschen Sprachgebiet erteilte für die aus diesen Büchern entnommenen Texte die Abdruckerlaubnis. Die darin enthaltenen biblischen Texte sind Bestandteil der von den Bischofskonferenzen des deutschen Sprachgebiets approbierten Einheitsübersetzung der Heiligen Schrift (2016). © 2021

Der Verein zur Förderung des Deutschen Liturgischen Instituts e. V. (VzF) erteilte für die aus „Wort-Gottes-Feier. Werkbuch für Sonn- und Festtage“ entnommenen Texte die Abdruckgenehmigung. © 2021 VzF liturgie.de